FER NIIZAWA

EL ARTE DEL
IKIGAI

FILOSOFÍA JAPONESA
PARA UNA VIDA PLENA Y FELIZ

Lea España • Armonía
Directora editorial: Rebeca Rueda
Corrección: Marta González

www.almuzaralibros.com
pedidos@almuzaralibros.com - info@almuzaralibros.com
Parque Logístico de Córdoba. Ctra. Palma del Río, km 4
C/8, Nave L2, nº 3, 14005, Córdoba.

Imprime: Kadmos
ISBN: 978-84-10528-10-9
Depósito legal: CO-719-2025
Hecho e impreso en España - *Made and printed in Spain*

A la memoria de mi padre, Miguel,
quien me enseñó a soñar en grande y a caminar
con determinación por la vida.

A mi madre, Marta,
por su fortaleza inquebrantable y su amor infinito.

A mis hijos, Facu, Mia y Nami,
mi mayor inspiración, los que le dan
sentido a cada paso que doy. Que este libro
los acompañe en sus propios caminos de vida.

ÍNDICE

PRÓLOGO

Tuve la oportunidad de conocer a Fernando Niizawa en una conferencia sobre filosofía japonesa organizada por REN-Red Nikkei Argentina. En ese momento, fui testigo de cómo Fernando lograba conectar de manera única dos mundos que, a primera vista, podrían parecer distantes: la profundidad serena de la sabiduría japonesa y la calidez vibrante de la cultura occidental. Desde entonces, su enfoque ha sido una fuente de inspiración constante en mi vida, una guía sutil que me ha acompañado en mi propio camino de autodescubrimiento.

Nací y crecí en Japón, un país donde la tradición y la modernidad se entrelazan de manera fascinante, creando un tejido cultural tan rico como diverso. Mi educación fue moldeada en un entorno que valora el respeto, la disciplina y la búsqueda constante de la excelencia, principios que están intrínsecamente arraigados en el alma de cada japonés. A pesar de haber dejado mi país de origen hace ya treinta y dos años, estos valores han permanecido conmigo, guiando cada paso que he dado en mi vida. Durante todo este tiempo, he sido testigo de cómo el mundo ha ido descubriendo y apreciando cada vez más la cultura japonesa, maravillándose ante la elegancia y la profundidad de nuestras costumbres.

Cuando se nos pregunta, en diversas situaciones, «¿Qué es la cultura, las costumbres y la educación japonesa?», solemos responder con ejemplos curiosos, a veces divertidos, que intentan capturar la esencia de una cultura que es, en muchos aspectos, indescriptible. Sin embargo, explicar realmente lo que significa ser japonés, especialmente en lenguas extranjeras, es una tarea increíblemente compleja. Nuestra cultura está impregnada de matices, de detalles sutiles que no siempre se pueden traducir con palabras. El estilo de vida de quienes crecimos en Japón suele ser admirado cuando viajamos al extranjero, algo que, sorprendentemente, no siempre valoramos mientras estamos inmersos en nuestra propia tierra.

Recuerdo claramente que, mientras vivía en Japón, las costumbres que teníamos eran lo «normal», lo «obvio». Vivíamos nuestras vidas sin pensar demasiado en el significado profundo de nuestras acciones cotidianas. Sin embargo, al conocer otras culturas y ver mi país a través de los ojos de los demás, me di cuenta de que lo que para nosotros era cotidiano, para otros era algo especial, valioso e incluso inspirador. Ese descubrimiento despertó en mí un nuevo sentido de orgullo y aprecio por mi herencia cultural.

En los últimos años, el estilo de vida japonés ha comenzado a resonar en el extranjero bajo el concepto de *ikigai*, una palabra que encapsula la razón de ser, el propósito que da sentido a nuestras vidas. Como japonés, cuando escucho hablar del *ikigai* en un idioma diferente al mío, me siento a menudo desconcertado. La interpretación del *ikigai* suele estar diluida o, en ocasiones, malinterpretada, desdibujando la verdadera esencia de lo que representa. Es un concepto profundo y complejo que va más allá de una simple fórmula para la felicidad; es una manera de vivir, una filosofía que abarca todos los aspectos de la existencia.

Pero, en este libro, Fernando Niizawa logra algo verdaderamente extraordinario. Con su sensibilidad y profundo conocimiento tanto de la cultura japonesa como de la occidental, Fernando nos ofrece una explicación del *ikigai* que no solo es precisa, sino profundamente resonante. Nacido en Argentina como un *nikkei* de tercera generación, Fernando ha vivido y comprendido ambos mundos, lo que le permite traducir esta filosofía japonesa de manera que cualquiera pueda entenderla y aplicarla en su vida diaria. Es un puente entre dos culturas, un intérprete de la esencia del ser japonés que logra capturar la verdadera profundidad del *ikigai* en palabras que resuenan en cualquier lector, sin importar su origen.

Como japonés, estoy convencido de que Fernando Niizawa tiene una habilidad excepcional para transmitir la esencia del *ikigai* en un idioma extranjero, algo que no es fácil de lograr. Este libro no solo es una puerta de entrada a la filosofía japonesa, sino un puente que conecta culturas y corazones. Estoy seguro de que quienes lo lean se sentirán inspirados a conocer más sobre Japón y a aplicar estas enseñanzas en sus propias vidas.

Fernando ha creado una obra que va más allá de lo académico; es una guía para vivir con propósito y felicidad, sin importar en qué parte del mundo te encuentres. A través de sus palabras, encontramos un reflejo de nuestras propias búsquedas y anhelos, una invitación a explorar la profundidad de nuestras vidas y a encontrar el propósito que da sentido a nuestra existencia. Te invito a sumergirte en estas páginas con la mente abierta y el corazón dispuesto a descubrir cómo el *ikigai* puede transformar tu vida, tal como lo ha hecho con la mía.

Takehiro Ohno

Director culinario, chef internacional
y consultor de empresas gastronómicas.

«La vida es demasiado corta para no hacer lo que amamos».

-Héctor García-

INTRODUCCIÓN

Desde hace siglos, la cultura japonesa ha sido un faro de sabiduría, una fuente inagotable de enseñanzas sobre cómo vivir una vida plena y significativa. Sus hábitos, arraigados en una profunda conexión con la naturaleza y una filosofía de vida centrada en la armonía y el equilibrio, han capturado la imaginación de personas de todo el mundo. Pero ¿qué es lo que hace que los hábitos japoneses sean tan poderosos y transformadores? ¿Cómo pueden influir en nuestras vidas, incluso en un mundo tan diferente al suyo? Para responder a estas preguntas, nos embarcamos en un viaje fascinante hacia el corazón de la cultura japonesa explorando sus rituales, tradiciones y filosofías más profundas.

Hace unos años, tuve la fortuna de vivir en Japón durante un largo tiempo. Llegué con una mente abierta y un corazón lleno de expectativas, sin saber que esta tierra tan lejana y enigmática cambiaría mi vida para siempre. Cada día, mientras recorría sus calles, observaba a su gente y me sumergía en sus costumbres, sentía que algo dentro de mí se transformaba. Japón no solo me acogió, me enseñó a mirar el mundo con otros ojos, a encontrar belleza en los detalles más pequeños y a apreciar la simplicidad de la vida cotidiana.

Es esta experiencia la que nutre e inspira este libro. No pretendo ofrecer una guía exhaustiva sobre los hábitos japoneses, ni mucho menos una receta infalible para la felicidad. Es solo un llamado a la reflexión, una invitación a explorar nuestras propias vidas a través del prisma de su sabiduría. Es una búsqueda de la belleza en lo simple, la calma en el caos y la alegría en lo cotidiano.

Escribir este libro ha sido un viaje emocional y personal. Cada capítulo y cada palabra están impregnados de los recuerdos y aprendizajes que atesoré durante mi estancia en Japón. La razón principal por la que decidí escribirlo es porque quiero compartir con el mundo las valiosas lecciones que aprendí, con la esperanza de que puedan ofrecer consuelo, inspiración y dirección a quienes lo necesiten. Sentí una profunda conexión y gratitud mientras plasmaba estas enseñanzas en papel, y mi deseo es que, al leerlo, puedas sentir esa misma conexión.

Recomiendo leer este libro desde un lugar de apertura y receptividad. Permítete ser guiado por las historias y enseñanzas aquí contenidas, y deja que cada página te invite a reflexionar sobre tu propia vida. No es necesario tener un conocimiento previo sobre la cultura japonesa; basta con tener el corazón y la mente abiertos para recibir sus lecciones.

Cada capítulo de este libro comienza con una palabra japonesa representada por su *kanji*, un ideograma que contiene un profundo significado y simbolismo. Los *kanjis* son caracteres de origen chino adoptados en el sistema de escritura japonés, y cada uno de ellos puede representar una idea, un objeto o un concepto complejo. A través de estos *kanjis*, no solo aprenderás nuevas palabras, sino que también te sumergirás en la riqueza visual y conceptual de la lengua japonesa.

En estas páginas, descubrirás el arte de la ceremonia del té, una práctica milenaria que celebra la belleza de lo efímero y la importancia de la atención plena en cada momento. Te sumergirás en el mundo del *shinrin-yoku*, o baños de bosque, una forma de conectar con la naturaleza que nutre el alma y rejuvenece el espíritu. Imagínate caminando entre árboles centenarios, con el sonido del viento susurrando a través de las hojas, sintiendo cómo cada paso te reconecta con la esencia misma de la vida.

Pero no todo en este libro son prácticas ancestrales. También exploraremos conceptos modernos como el *ikigai*, o el propósito de vida, que nos enseña a encontrar significado y dirección en nuestro día a día. En un mundo donde la prisa y la competencia parecen ser la norma, el *ikigai* nos recuerda la importancia de encontrar aquello que realmente nos mueve, lo que da sentido a cada amanecer.

Y no podemos olvidar el *wabi-sabi,* una filosofía que celebra la belleza de la imperfección y nos recuerda que ella reside en lo imperfecto, lo efímero y lo incompleto. En un mundo obsesionado con la perfección y lo inmaculado, el *wabi-sabi* nos ofrece un respiro, un espacio para apreciar la belleza tal como es, con todas sus cicatrices.

A lo largo de este viaje, te animo a dejar de lado las distracciones del mundo moderno, a abrir tu mente y tu corazón a las lecciones que la cultura japonesa tiene para ofrecerte. Permítete sumergirte en la simplicidad de cada momento, en la profundidad de cada experiencia y en la belleza de cada encuentro. Cada día en Japón me enseñó que la verdadera magia no reside en lo grandioso, sino en lo pequeño y lo cotidiano, en esos momentos que a menudo pasan desapercibidos pero que, en su esencia, contienen toda la belleza del universo.

Este libro es más que una recopilación de hábitos japoneses; es un tesoro de sabiduría que puede transformar tu vida si estás dispuesto a recibir sus enseñanzas con humildad y apertura. Así que te invito a dejar que te guíen en un viaje hacia la autenticidad, la conexión y la plenitud. Deseo que estas palabras sean el inicio de un viaje hacia una vida más significativa. Que encuentres en este libro el perfume oriental, y que cada página te acerque a la verdadera riqueza que reside en el corazón humano.

La vida en Japón me enseñó que, a veces, las respuestas más profundas se encuentran en el silencio, en la quietud de una mañana neblinosa o en el susurro de una brisa suave. Es mi deseo que, al leer este libro, encuentres un eco de esa paz y sabiduría, y que te permita descubrir, como yo lo hice, que la verdadera belleza y plenitud están siempre a nuestro alcance, si aprendemos a mirar con el corazón.

侘び寂び

WABI-SABI

Encontrando la belleza en la imperfección

En un mundo obsesionado con la perfección y la uniformidad, ¿qué pasaría si te dijera que la verdadera belleza reside en lo imperfecto, lo incompleto y lo efímero? Bienvenido al mundo del *wabi-sabi,* una filosofía japonesa que celebra la belleza de la imperfección y la transitoriedad de la vida.

Una de mis ciudades favoritas de Japón es Kioto, porque ha sido testigo de una arquitectura singular. Desde los tiempos de la antigua capital imperial hasta la magnificencia de la era Edo. Una arquitectura que fusiona la estética tradicional japonesa con la elegancia refinada y la planificación meticulosa. Recuerdo una de mis visitas en otoño, el aire estaba impregnado del aroma de las hojas secas y del sonido distante de un templo tocando su campana. Había decidido explorar un pequeño café que había encontrado por casualidad en una calle poco transitada. El lugar tenía una fachada modesta, casi imperceptible, pero algo en su sencillez me atrajo como un imán.

Al entrar, fui recibido por un anciano que me dijo: *Irashai* («bienvenido», en japonés). Y me sonrió con una calidez que solo se adquiere con los años. Me condujo a una mesa junto a una ventana que daba al jardín trasero, un espacio que, aunque pequeño, estaba lleno de una serenidad apacible. Mientras esperaba mi té, mis ojos se posaron en una taza de cerámica que estaba en la mesa. Era evidente que no era perfecta: tenía una grieta que había sido reparada con oro, una técnica conocida como *kintsugi*. La taza, en su imperfección, emanaba una belleza que era difícil de describir.

El anciano, al notar mi fascinación, se sentó a mi lado y comenzó a contarme una historia. «Esta taza —dijo— es un ejemplo perfecto del *wabi-sabi*. En Japón, valoramos lo imperfecto, lo efímero y lo incompleto. Esta grieta, reparada con oro, simboliza que la belleza puede encontrarse incluso en las cicatrices de nuestras vidas». Mientras escuchaba su voz suave y reflexiva, me di cuenta de que el *wabi-sabi* no era solo una estética, sino una filosofía de vida. En los días siguientes, comencé a ver el mundo a través de esta nueva lente. Empecé a notar la belleza en los detalles más pequeños: una flor marchita en el jardín, la madera desgastada de una puerta antigua, la textura rugosa de una piedra al borde del camino.

El *wabi-sabi* me enseñó a apreciar la transitoriedad de la vida y a encontrar belleza en la imperfección y la incompletitud. Aceptar que nada es eterno y que la imperfección es parte de la existencia humana puede ser liberador y reconfortante. En un mundo que a menudo busca la perfección inalcanzable, el *wabi-sabi* nos invita a encontrar la serenidad en lo que es, en lugar de en lo que podría ser. Creo que cuando entendemos que somos imperfectos e incompletos, la mochila deja de ser tan pesada, ya que la complejidad social en la que estamos inmersos nos obliga a ser perfectos y «exitosos».

Uno de mis lugares favoritos para contemplar era un pequeño templo en las afueras de la ciudad. El templo, construido siglos atrás, mostraba los signos del tiempo con orgullo: el techo de paja estaba un poco desaliñado, y las piedras del camino estaban desgastadas por los pasos de innumerables visitantes. Me sentaba en un banco de madera, sintiendo el peso de los años en su superficie, y observaba cómo las hojas caían lentamente de los árboles, cada una contando una historia de cambio y renovación.

Recuerdo una tarde particularmente memorable, cuando una tormenta repentina interrumpió la paz del templo. Las gotas de lluvia golpeaban el techo de paja con una cadencia hipnótica, y el aire se llenó del olor a tierra mojada. Al principio, me sentí un poco molesto por la interrupción, pero luego me di cuenta de que este momento también era una manifestación del *wabi-sabi*. La tormenta era fugaz, pero en su brevedad, había una belleza cruda y auténtica que era imposible ignorar.

El *wabi-sabi* no solo se encuentra en la naturaleza o en los objetos, sino también en nuestras vidas y experiencias. Aprender a aceptar nuestras propias imperfecciones y las de los demás puede llevarnos a una mayor paz interior. Al igual que la grieta en la taza de cerámica reparada con oro, nuestras cicatrices y defectos pueden convertirse en las fuentes de nuestra mayor belleza y fortaleza.

En la vida cotidiana, el *wabi-sabi* puede ser una herramienta poderosa para encontrar alegría y satisfacción. Nos invita a desacelerar, a apreciar el momento presente y a encontrar consuelo en la transitoriedad de la existencia. Nos recuerda que la vida es un viaje, no un destino, y que la verdadera belleza se encuentra en el camino, con todas sus curvas, altibajos y desvíos inesperados.

LOS ORÍGENES DEL *WABI-SABI*

Desde los antiguos rituales del té hasta las prácticas zen, esta filosofía ha evolucionado a lo largo del tiempo, dejando una marca indeleble en la cultura japonesa. El *wabi-sabi* nació de una mezcla de budismo zen y la estética japonesa, que valora lo simple, lo humilde y lo no ostentoso. En los tiempos antiguos, los monjes zen desarrollaron una apreciación por la imperfección y la impermanencia, una forma de contrarrestar el sufrimiento inherente a la vida.

Los maestros del té, como Sen no Rikyū, llevaron estos conceptos a la ceremonia del té, donde cada elemento, desde la disposición de las flores hasta la elección de los utensilios, refleja la esencia del *wabi-sabi*. La historia nos muestra cómo, a través de los siglos, esta filosofía se ha entrelazado con el arte, la arquitectura y la vida cotidiana en Japón, creando una cultura que celebra la belleza en la imperfección y la transitoriedad.

ENCONTRANDO LA BELLEZA EN LO COTIDIANO

Aprender a ver el mundo con nuevos ojos es una de las enseñanzas más profundas del *wabi-sabi*. Desde una grieta en una taza de té hasta las hojas marchitas de un árbol en otoño, esta filosofía nos enseña a apreciar la belleza efímera que nos rodea en cada momento. Empezar el día con una caminata tranquila, observando cómo la luz del sol juega a través de las hojas, o cómo una flor solitaria florece en medio del caos urbano, son pequeños recordatorios de la belleza en lo cotidiano.

En mi tiempo en Japón, aprendí a apreciar estos momentos. Una mañana, mientras paseaba por un mercado local, vi una mujer mayor vendiendo flores marchitas. Al principio, me sorprendió, pero luego me di cuenta de que cada flor tenía su propia historia, su propio viaje desde la juventud hasta la madurez y, finalmente, la decadencia. Compré un ramo y lo llevé a casa, colocándolo en un jarrón antiguo que había encontrado en una tienda de segunda mano. Cada vez que lo miraba, me recordaba la fragilidad y la belleza de la vida.

ABRAZANDO LA IMPERFECCIÓN

¿Qué significa realmente ser perfecto? A través del *wabi-sabi*, aprendemos a abrazar nuestras imperfecciones y a encontrar la belleza en nuestras cicatrices emocionales y físicas. La aceptación de nuestras imperfecciones puede conducir a una mayor autoaceptación y amor propio. En una sociedad que a menudo nos empuja hacia la perfección inalcanzable, el *wabi-sabi* nos ofrece un refugio, un espacio para ser nosotros mismos, con todas nuestras oportunidades de mejora y debilidades.

Una de las lecciones más importantes que aprendí en Japón fue aceptar mis propios defectos. Había llegado con una idea de quién debía ser, pero la cultura del *wabi-sabi* me enseñó a abrazar quien realmente era. Mis errores, mis fracasos, mis cicatrices, todo ello formaba parte de mi historia, y, al aceptarlo, encontré una paz y una libertad que nunca había conocido.

LA BELLEZA DE LO EFÍMERO

La vida es fugaz y efímera, pero en esa transitoriedad encontramos una belleza única. A través del *wabi-sabi*, aprendemos a apreciar la belleza de los momentos fugaces y a encontrar alegría en la experiencia misma de la vida. La fugacidad de una flor de cerezo, que florece y cae en un breve lapso, nos recuerda la impermanencia de todas las cosas, y en esa impermanencia, encontramos un sentido más profundo de la vida.

Durante el *hanami*, la tradición de contemplar las flores de cerezo, sentí profundamente esta verdad. Mientras las flores caían como una lluvia suave, me di cuenta de que su belleza radicaba precisamente en su brevedad. Cada pétalo que caía era un recordatorio de la transitoriedad de la vida y, en ese reconocimiento, encontré una nueva forma de ver y apreciar cada momento. Cuando tomamos consciencia de la finitud de la vida, comenzamos a poner el foco en las cosas que realmente importan.

INTEGRANDO EL *WABI-SABI* EN TU VIDA

Finalmente, exploremos cómo podemos integrar los principios del *wabi-sabi* en nuestra vida diaria y en el ámbito laboral.

En la vida diaria

El *wabi-sabi* puede transformar la manera en que vivimos día a día. Aquí hay algunas formas prácticas de incorporarlo:

- Decoración del hogar: elige objetos que cuenten una historia. Busca piezas que muestren el paso del tiempo, como una mesa con marcas de uso o una lámpara con un diseño antiguo. Estos objetos no solo decoran, sino que también aportan una sensación de historia y autenticidad.

- Rituales cotidianos: incorpora rituales que te permitan desacelerar y apreciar el momento presente. Puedes empezar el día con una taza de té o café, tomando tiempo para disfrutar cada sorbo. O toma un momento para observar la naturaleza, ya sea un jardín, un parque o incluso una planta en tu ventana.

- Aceptación personal: practica la autoaceptación reconociendo tus propias imperfecciones. En lugar de buscar la perfección, aprecia tus logros y aprendizajes. Reflexiona sobre tus experiencias pasadas, valorando las lecciones que te han dejado tus errores y desafíos.

En el ámbito laboral

El *wabi-sabi* también puede tener un impacto positivo en tu vida laboral. Aquí hay algunas maneras de aplicar esta filosofía en el trabajo:

- Espacios de trabajo: crea un espacio de trabajo que refleje simplicidad y funcionalidad. Elimina el desorden innecesario y elige muebles y herramientas que sean duraderos y estéticamente agradables, aunque no sean perfectos. Un espacio ordenado y armonioso puede mejorar tu concentración y bienestar.

- Gestión del tiempo: en lugar de buscar una productividad incesante, aprende a valorar el equilibrio. Tómate descansos regulares para recargar energías y reflexionar. Acepta que no todos los días serán igual de productivos y que está bien tener altibajos.

- Relaciones laborales: fomenta un ambiente de trabajo donde se valore la autenticidad y la colaboración. Acepta las diferencias y las imperfecciones de tus colegas, y trabaja para construir relaciones basadas en el respeto mutuo, la confianza y la comprensión. Un equipo que valora la diversidad de pensamiento y experiencia puede ser más resiliente, productivo y creativo.

- Enfoque en el proceso: en lugar de centrarte únicamente en los resultados, valora el proceso. Aprende a disfrutar del viaje, apreciando cada paso y reconociendo los pequeños logros. Esto puede reducir el estrés y aumentar la satisfacción laboral.

REFLEXIONES FINALES

En un mundo cada vez más frenético y exigente, el *wabi-sabi* nos ofrece un recordatorio reconfortante de que la verdadera belleza reside en la imperfección y la transitoriedad. Si bien es cierto que toda persona ansía alcanzar lo que cree necesario para ser más feliz, no es menos cierto que, si ese deseo le arrebata toda pasión por el presente, más que un deseo, es una autoimposición nociva.

Si esperas algo externo para terminar con esa sensación de vacío interior, en realidad estás malgastando un tiempo que ya no va a volver. Puede que cuando llegue esa gran noticia, si es que llega, tus ánimos se hayan quedado exhaustos por el camino de la espera. Si no eres feliz ahora mismo, no lo serás con lo que pueda llegar.

Al llegar al final de este viaje a través del *wabi-sabi*, es natural sentirse conmovido por la belleza que reside en la imperfección y la transitoriedad de la vida. Hemos explorado cómo cada grieta, cada sombra y cada cicatriz pueden convertirse en una fuente de profunda belleza y significado. Es en estos momentos de contemplación donde encontramos la verdadera esencia de la existencia humana.

Reflexiona sobre tu vida

Piensa en los aspectos de tu vida que has considerado imperfectos o inadecuados. Tal vez sea una relación que terminó, o una oportunidad que no se materializó, o una etapa de tu vida que desearías que hubiera sido diferente. Tómate un momento para reconocer la belleza en estas experiencias. Pregúntate: ¿qué aprendí de estos momentos? ¿Cómo me han moldeado y fortalecido?

Abraza la impermanencia

La vida es un flujo constante de cambios. Las estaciones cambian, los días se convierten en noches y nosotros también cambiamos. Aceptar la impermanencia no es resignarse, sino abrirse a la posibilidad de renovación y crecimiento. Piensa en un área de tu vida donde te sientas estancado. ¿Qué cambios puedes hacer para abrazar el flujo natural de la vida?

Encuentra la belleza en lo cotidiano

El *wabi-sabi* nos invita a encontrar la belleza en lo ordinario y lo cotidiano. La próxima vez que estés en tu hogar, observa los objetos que te rodean. Tal vez haya una taza con una pequeña grieta o una mesa con marcas de uso. En lugar de ver estos signos como defectos, míralos como testigos silenciosos de momentos vividos y apreciados.

Cultiva la gratitud

La gratitud es una práctica poderosa que puede transformar nuestra perspectiva. Tómate un momento cada día para reflexionar sobre lo que tienes, en lugar de lo que te falta. Agradece por las pequeñas cosas: una sonrisa, una conversación sincera, una brisa fresca en un día caluroso. La gratitud nos conecta con el presente y nos ayuda a ver la belleza en la simplicidad.

LLAMADO A LA ACCIÓN

Ahora, te invito a tomar un pequeño pero significativo paso hacia la incorporación del *wabi-sabi* en tu vida. Aquí hay algunas sugerencias para comenzar:

- Escribe un diario de gratitud: cada día, anota tres cosas por las que estás agradecido. Este simple hábito puede ayudarte a enfocarte en lo positivo y a apreciar más lo que tienes.

- Permítete ser vulnerable y auténtico: comparte tus experiencias y descubrimientos con otros. Al hacerlo, no solo enriquecerás tu propia vida, sino también la de aquellos que te rodean.

- Practica la atención plena: dedica tiempo cada día para estar presente en el momento. Esto puede ser tan simple como prestar atención a tu respiración. En mi experiencia, la práctica diaria del *mindfulness* trajo cambios significativos en mi vida, disfrutar de una taza de té sin distracciones o caminar en la naturaleza con todos tus sentidos abiertos.

- Simplifica tu entorno: deshazte de lo que no necesitas y organiza tu espacio de manera que te resulte reconfortante y armonioso. Un entorno ordenado y simplificado puede tener un gran impacto en tu bienestar mental y emocional.

- Abraza el cambio y la impermanencia: haz un esfuerzo consciente por aceptar los cambios en tu vida con una actitud positiva. En lugar de resistirte, busca las oportunidades de crecimiento y aprendizaje que cada cambio trae consigo.

Wabi-sabi no es solo una filosofía, es una forma de vida que nos invita a vivir con más consciencia, apreciación y amor. Que este capítulo te inspire a ver el mundo con nuevos ojos y a encontrar la belleza en cada grieta y cada cicatriz. Porque en el arte del *wabi-sabi*, encontramos la verdadera esencia de la vida misma.

La vida en Japón me enseñó que la verdadera belleza y plenitud están siempre a nuestro alcance, si aprendemos a mirar con el corazón. Que este capítulo sea un faro que te guíe hacia una vida más plena y significativa, donde la belleza se encuentra en lo imperfecto y lo efímero, y donde cada día es una oportunidad para descubrir algo nuevo y valioso en el sencillo acto de vivir.

仕方がない

SHIKATA GA NAI

Dejar ir lo que no puedes controlar. La sabiduría de la aceptación

En una tarde de verano, mientras caminaba por las tranquilas calles de Hiratsuka, ciudad donde vivía, me encontré con un amigo que no veía desde hacía un tiempo. Estaba sentado en un banco, observando cómo los niños jugaban en un parque. Su expresión era una mezcla de nostalgia y serenidad. Me acerqué y, tras los primeros saludos, comenzamos a hablar sobre la vida y sus giros inesperados, y me contó que esa semana había perdido su trabajo.

Recuerdo que, en medio de la conversación, mencionó una frase que se me quedó grabada en la mente: *shikata ga nai*. En ese momento, sentí que sus palabras eran como un río que fluía, llevándose consigo las preocupaciones y las frustraciones que tantas veces me habían abrumado. Era un mantra de aceptación, una invitación a soltar las riendas de lo incontrolable y encontrar paz en lo que simplemente es.

Esta expresión, que literalmente significa «No hay nada que se pueda hacer al respecto», encapsula la esencia misma de la aceptación. En un mundo obsesionado con la lucha y el control, *shikata ga nai* nos enseña que, a veces, la verdadera fuerza reside en la resignación de dejar ir lo que no podemos controlar y enfocar nuestra energía en lo que sí podemos cambiar.

RAÍCES CULTURALES Y FILOSÓFICAS

Para entender la profundidad de *shikata ga nai*, debemos sumergirnos en las corrientes culturales y filosóficas que le dieron vida. Desde los preceptos del zen hasta las enseñanzas del *bushido*, esta expresión ha florecido en el crisol de las antiguas tradiciones japonesas. El zen, con su búsqueda de la atención plena y el desapego, nos enseña que la resistencia solo genera sufrimiento, mientras que el *bushido*, el camino del guerrero, nos invita a aceptar la inevitabilidad de la muerte y el destino.

La historia de Japón está repleta de momentos en los que la aceptación ha sido un faro en la oscuridad. Durante la Segunda Guerra Mundial, por ejemplo, muchos japoneses enfrentaron pérdidas inimaginables. En medio del sufrimiento, la aceptación de lo inevitable se convirtió en una forma de resistencia. Esta sabiduría, forjada a lo largo de los siglos, nos recuerda que la vida es un constante cambio. Todo lo que consideramos seguro y permanente es, en realidad, efímero. *Shikata ga nai* nos anima a enfrentar esta verdad con valentía, a permitir que la vida fluya sin oponer resistencia, encontrando belleza incluso en los momentos de incertidumbre.

LA BELLEZA DE LA RENDICIÓN

A medida que comenzamos a explorar el significado de *shikata ga nai*, nos encontramos con la belleza oculta en la rendición total al momento presente. En mis propias experiencias, he aprendido que la entrega no es un signo de debilidad, sino un acto de valentía. Una tarde, después de un día agitado, decidí ir a un jardín zen. Allí, sentado en silencio, observé las piedras dispuestas meticulosamente y la calma que reinaba en el entorno. En ese instante, comprendí que la rendición al momento era, de hecho, una forma de resistencia, una forma de honrar la vida tal como es.

Las historias de quienes han abrazado este principio son conmovedoras. Conocí a un anciano que, tras perder a su esposa, encontró consuelo en cuidar de un jardín. Cada planta se convirtió en un símbolo de su amor y su pérdida. A través de su entrega a la naturaleza, descubrió que rendirse al dolor también puede ser un camino hacia la sanación. En su fragilidad, el jardín floreció y se convirtió en un refugio donde el tiempo parecía detenerse.

En el corazón de esta rendición se encuentra la comprensión de que, a veces, el acto de dejar ir puede abrir espacios para nuevas posibilidades. Como un río que fluye, el amor y la tristeza pueden coexistir, creando un paisaje emocional que, aunque desgarrador, es también hermoso en su complejidad.

RESILIENCIA EN LA ADVERSIDAD

La capacidad humana de sobreponerse a las pruebas y tribulaciones de la vida se vuelve más clara a través de la lente del *shikata ga nai*. Este lema nos enseña a encontrar fortaleza en la aceptación de nuestras circunstancias, a abrazar la adversidad como una oportunidad para crecer y aprender. En un mundo que a menudo nos empuja a luchar contra la corriente, aprender a fluir con ella es un acto de resistencia silenciosa.

Recuerdo la historia de Monami Ohno, una joven artista japonesa que, después de un fracaso devastador, se sintió perdida. En lugar de rendirse, comenzó a explorar diferentes formas de expresión. Al aceptar su situación y dejar de lado las expectativas, descubrió una nueva pasión por la escultura. Su arte, hecho de cartón reciclado, era una manifestación de su viaje hacia la resiliencia. En la imperfección de su trabajo, encontró una voz que resonaba con su verdad, ha realizado ya más de doscientas esculturas con todo lujo de detalle. Tras diez años de duro trabajo, las obras de la joven se exhiben ahora en galerías de Japón y llegan a venderse por más de once mil euros. Y es que, sin ningún tipo de plano, esta artista solo recorta su boceto en el cartón para después moldearlo usando pegamento y, a veces, agua; su trabajo es un nuevo modo de concientizar en la importancia del reciclaje.

La resiliencia, entonces, se convierte en un baile delicado entre la aceptación y la acción. Aceptar lo que no se puede cambiar no significa renunciar; más bien, significa reconocer el poder de nuestra respuesta ante las circunstancias. Cada desafío se convierte en una oportunidad para redescubrir quiénes somos y qué podemos lograr.

VIVIR EN ARMONÍA CON LO QUE ES

Vivir en armonía con el flujo de la vida implica aprender a soltar. A través de ejercicios prácticos y técnicas de *mindfulness*, podemos cultivar una mayor aceptación de lo que es. Cada día, podemos practicar dejar ir nuestras expectativas, aprender a abrazar cada momento con plenitud y gratitud.

Una simple técnica que me ha ayudado es la meditación sobre la impermanencia. En momentos de inquietud, cierro los ojos y visualizo cada pensamiento como una hoja que flota en un río. Las dejo ir, una por una, permitiendo que fluyan hacia lo desconocido. Con cada hoja que se aleja, siento que una carga se levanta y, en esa liberación, encuentro una paz profunda.

RECOMENDACIONES PARA LA VIDA DIARIA

Integrar *shikata ga nai* en nuestra vida diaria puede ser transformador. Aquí algunas recomendaciones prácticas:

- Aceptar limitaciones: reconoce que hay factores fuera de tu control. En lugar de frustrarte por ellos, concéntrate en lo que puedes cambiar. Esto no solo reduce el estrés, sino que también permite una mayor claridad en la toma de decisiones.

- Fomentar la flexibilidad: en la vida cotidiana, la flexibilidad es esencial. Al adoptar una mentalidad de aceptación, puedes adaptarte mejor a sorpresas y desafíos, viendo cada obstáculo como una oportunidad de aprendizaje.

- Practicar el desapego: aprende a soltar expectativas. En lugar de aferrarte a resultados específicos, disfruta del proceso y de las experiencias. Esto aumenta la satisfacción y permite una mayor creatividad.

- *Mindfulness* en el día a día: incorpora momentos de atención plena en tu rutina. Ya sea a través de breves pausas para respirar o meditar, estas prácticas ayudan a mantener la calma y la claridad en medio del caos.

- Reflexión diaria: dedica unos minutos al final del día para reflexionar sobre lo que sucedió. Pregúntate qué situaciones no pudiste controlar y cómo elegiste responder a ellas. Esta práctica te ayudará a internalizar el concepto de *shikata ga nai*. También te recomiendo que realices una lista diaria donde escribas todas las situaciones inesperadas que sucedieron ese día y al final de la semana te darás cuenta de que la mayoría de las cosas están fuera de nuestro control.

- Cultivar la gratitud: cada día, haz una lista de tres cosas por las que estés agradecido. Este simple ejercicio te ayudará a enfocar tu energía en lo positivo y a aceptar las dificultades con una actitud de gratitud.

APLICANDO *SHIKATA GA NAI* EN EL ÁMBITO LABORAL

Integrar el concepto de *shikata ga nai* en la vida laboral puede transformar nuestra perspectiva y mejorar nuestro bienestar. Aquí hay algunas formas prácticas de hacerlo:

- Aceptar limitaciones: reconoce que hay factores que están fuera de tu control en el trabajo. En lugar de frustrarte, concéntrate en lo que puedes cambiar.

- Fomentar la flexibilidad: en un entorno laboral cambiante, la flexibilidad es esencial. Al adoptar una mentalidad de aceptación, puedes adaptarte mejor a las sorpresas y desafíos.

- Cultivar un ambiente positivo: anima a tus compañeros a compartir sus luchas y a aceptar sus propias imperfecciones. Crear un espacio donde todos se sientan cómodos siendo vulnerables fomenta la resiliencia colectiva.

- Practicar el desapego: en lugar de aferrarte a resultados específicos, aprende a disfrutar del proceso. Esto aumenta la satisfacción en tu trabajo y permite mayor creatividad.

- *Mindfulness* en el trabajo: incorpora momentos de atención plena en tu rutina laboral. Estas prácticas te ayudarán a mantener la calma y la claridad en medio del caos.

- Establecer metas flexibles: en lugar de fijar objetivos rígidos, establece metas que permitan adaptarse a cambios inesperados. Esto no solo reduce la presión, sino que también fomenta un enfoque más saludable y creativo hacia el trabajo.

REFLEXIONES FINALES

A medida que concluimos nuestra exploración del concepto de *shikata ga nai*, es esencial comprender la profundidad y la sabiduría que encierra esta frase tan simple. Aceptar lo que no se puede cambiar no es rendirse, sino una manera de encontrar paz y fortaleza en medio de la adversidad. Es una lección de humildad y resiliencia que puede transformar nuestras vidas.

Reflexiona sobre la aceptación

Piensa en los desafíos y las situaciones difíciles que has enfrentado en tu vida. Tal vez haya momentos en los que te sentiste impotente, abrumado por circunstancias fuera de tu control. Reflexiona sobre cómo enfrentaste esos momentos. ¿Fuiste capaz de encontrar una forma de aceptación? ¿Cómo cambió tu perspectiva al hacerlo? La aceptación no es un signo de debilidad, sino una muestra de fortaleza interna, un acto de valentía que nos permite seguir adelante con serenidad y claridad.

Abraza la resiliencia

La aceptación no significa resignación. En su lugar, es una invitación a cultivar la resiliencia, a encontrar dentro de nosotros mismos la fuerza para seguir adelante. Recuerda una situación en la que te sobrepusiste a la adversidad. ¿Qué cualidades te ayudaron a salir adelante? ¿Cómo puedes nutrir esas cualidades en tu vida cotidiana? La resiliencia es nuestra capacidad de recuperarnos, de encontrar luz en la oscuridad y de transformar la adversidad en oportunidades de crecimiento personal.

Encuentra serenidad en la impermanencia

La vida está en constante cambio y, a menudo, es impredecible. Aceptar la impermanencia nos permite encontrar serenidad en el caos. Piensa en un aspecto de tu vida donde estás luchando contra el cambio. ¿Cómo puedes reencuadrar tu perspectiva para aceptar la situación tal como es, sin perder tu paz interior? Al abrazar la impermanencia, aprendemos a soltar el control y a vivir el momento presente con gratitud y serenidad, entendiendo que cada experiencia es pasajera y valiosa.

Practica la compasión

La práctica de *shikata ga nai* no solo se aplica a nuestras propias vidas, sino también a cómo nos relacionamos con los demás. Cuando veas a alguien enfrentando dificultades, practica la compasión y el entendimiento. Reconoce su lucha y ofrécele tu apoyo, sabiendo que, a veces, lo más poderoso que podemos hacer es simplemente estar presentes. La compasión nos conecta profundamente con los demás, creando un vínculo de empatía y solidaridad que enriquece nuestras vidas y las de quienes nos rodean.

LLAMADO A LA ACCIÓN

Te invito a incorporar *shikata ga nai* en tu vida diaria de manera consciente. Comienza con pequeños pasos. La próxima vez que enfrentes una situación que esté fuera de tu control, tómate un momento para respirar profundamente y aceptar la realidad tal como es. Puedes también llevar un diario donde registres tus experiencias de aceptación y las lecciones que aprendes en el proceso. Este ejercicio te ayudará a desarrollar una mayor conciencia y apreciación por las pequeñas victorias diarias.

Otra forma poderosa de practicar *shikata ga nai* es a través de la meditación. Dedica unos minutos cada día para meditar sobre la impermanencia y la aceptación. Deja que estos momentos de quietud te guíen hacia una mayor comprensión y serenidad. La meditación nos permite conectar con nuestro ser interior, cultivando una paz profunda y duradera que nos ayuda a enfrentar los desafíos con una mente clara y un corazón abierto.

Finalmente, comparte tu viaje con otros. Habla sobre cómo el concepto de *shikata ga nai* ha impactado tu vida y escucha las experiencias de quienes te rodean. Juntos, podemos crear una comunidad de apoyo y resiliencia, donde todos aprendemos a aceptar lo que no podemos cambiar y a encontrar fuerza en la adversidad. El poder de la comunidad reside en la capacidad de compartir, apoyar y aprender unos de otros, creando un entorno donde todos podemos florecer.

El espíritu de *shikata ga nai* nos recuerda que, aunque no siempre podemos controlar nuestras circunstancias, siempre podemos elegir cómo responder a ellas. Que estas reflexiones y acciones te inspiren a vivir con más paz, aceptación y fortaleza. En *shikata ga nai* encontramos una invitación a soltar el control y confiar en el curso natural de la vida. Esta filosofía no es solo un consuelo, sino un faro de esperanza en tiempos de dificultad.

Al integrar *shikata ga nai* en nuestra vida, aprendemos a ver la belleza en la imperfección y a encontrar consuelo en la transitoriedad de la existencia. Es un recordatorio constante de que, aunque la vida esté llena de desafíos, siempre hay una oportunidad para crecer y florecer. Esta aceptación, lejos de ser un signo de rendición, se convierte en un acto de amor hacia uno mismo y hacia el mundo. Al final del día, es en la serenidad de *shikata ga nai* donde encontramos el verdadero sentido de la vida: un viaje lleno de altibajos, donde cada experiencia, cada lágrima y cada risa contribuyen a la riqueza de nuestra existencia.

«Cuando todo parezca ir contra ti, recuerda que el avión despega contra el viento, no a favor de él».

-Henry Ford-

我慢

GAMAN

El arte de soportar lo insoportable

Cuando hablamos de *gaman*, solemos aludir a una noción profundamente arraigada, que se traduce aproximadamente como «perseverancia», «resistencia» o «aguante». Sin embargo, el significado de *gaman* va mucho más allá de estas traducciones literales, se trata de una filosofía de vida que enfatiza la paciencia, la autodisciplina y la fortaleza interior frente a las adversidades.

Una tarde lluviosa en Tokio, me refugiaba en una pequeña cafetería, observando cómo las gotas caían pesadas sobre los cristales. Las sombras de la gente pasaban por la ventana, algunas apuradas, otras con una calma casi meditativa. En una mesa cercana, un hombre de mediana edad, empapado, miraba por la ventana con una expresión serena que parecía hablar de una lucha interna. A su lado, una taza de café humeante permanecía olvidada, como un testigo silencioso de su resistencia. En ese momento, comprendí que su mirada reflejaba la esencia del *gaman*, una virtud que, aunque no se ve, se siente profundamente en cada rincón de la existencia.

El término *gaman* proviene de los caracteres *kanji* «我» (*ga*), que significa «yo» o «uno mismo», y «慢» (*man*), que se traduce como «tolerancia» o «resistencia». Juntos, estos caracteres hablan de la capacidad de una persona para soportar dificultades con dignidad y sin quejarse. En un mundo que a menudo parece girar en torno al ruido y la impaciencia, *gaman* emerge como un camino a seguir de fortaleza silenciosa.

ORÍGENES Y EVOLUCIÓN DE *GAMAN*

Desde tiempos antiguos, *gaman* ha sido una virtud vital en la sociedad japonesa, especialmente durante períodos de crisis como guerras, desastres naturales y tiempos de escasez. Este concepto no es solo un principio filosófico; es una manera de vivir que ha sido moldeada por siglos de experiencia. Por ejemplo, durante la Segunda Guerra Mundial, los ciudadanos japoneses enfrentaron privaciones extremas y sufrimientos indescriptibles, y muchos adoptaron *gaman* como una forma de resistencia. En ese contexto, la práctica de *gaman* se convirtió en una forma de resistencia no solo física, sino también emocional, manteniendo la esperanza viva en medio de la desesperanza.

La historia del pueblo japonés está repleta de ejemplos de *gaman*. En la literatura clásica, como en las obras de Natsume Sōseki, encontramos personajes que encarnan este ideal. Su novela *Kokoro* muestra a un protagonista que lucha con su soledad y culpa, manteniendo una fachada de calma mientras enfrenta sus demonios internos. En el teatro, los personajes del *kabuki* a menudo muestran una resistencia estoica ante las adversidades, reflejando la importancia de *gaman* en la cultura japonesa.

GAMAN EN LA VIDA COTIDIANA

En la vida cotidiana, *gaman* se manifiesta de múltiples maneras. Desde el ámbito laboral hasta las relaciones personales, los japoneses a menudo demuestran una notable capacidad para mantener la compostura y continuar trabajando hacia sus metas, a pesar de los desafíos. En mi experiencia en Japón, vi a muchos colegas enfrentar largas jornadas laborales con una dedicación admirable. Por ejemplo, un compañero, Hiroshi, siempre llegaba puntual a la oficina, a pesar de que su madre estaba enferma. Su compromiso no era solo por el trabajo, sino por un sentido profundo de responsabilidad hacia su equipo.

Las pequeñas interacciones cotidianas también reflejan este concepto. En el tren abarrotado, es común ver a las personas resistir la incomodidad sin quejarse, apretujándose en silencio mientras el viaje avanza. Esta actitud puede parecer insignificante, pero es un microcosmos de la fortaleza colectiva que define a la sociedad japonesa.

GAMAN Y LOS DESASTRES NATURALES

La resiliencia del pueblo japonés frente a los desastres naturales es uno de los ejemplos más impresionantes de *gaman*. Japón, situado en una zona propensa a terremotos, tsunamis y tifones, ha enfrentado innumerables desastres a lo largo de su historia. Durante el terremoto y tsunami de 2011, vi imágenes de personas que, a pesar de la devastación, mostraron una impresionante capacidad de recuperación y solidaridad. Un video que me conmovió mostraba a un grupo de vecinos trabajando juntos para limpiar escombros, compartiendo sonrisas y palabras de aliento, todo ello con una dignidad que parecía trascender el sufrimiento.

Un caso emblemático es el de la ciudad de Ishinomaki, donde muchas personas perdieron a sus seres queridos y hogares. En los días siguientes al desastre, la comunidad se unió para ayudar a los sobrevivientes, organizando refugios y distribuyendo alimentos. El espíritu de *gaman* estaba presente en cada acción, reflejando cómo la unión y la fortaleza pueden florecer incluso en las circunstancias más adversas. Este sentido de comunidad y responsabilidad compartida se ha convertido en un pilar de la identidad japonesa.

GAMAN Y SALUD MENTAL

Aunque *gaman* es un valor profundamente respetado, también ha sido objeto de debate en relación con la salud mental. La presión para mantener una fachada de fortaleza y resistencia puede llevar a una acumulación de estrés y problemas emocionales no expresados. En años recientes, ha habido un creciente reconocimiento de la importancia del equilibrio entre *gaman* y la expresión saludable de emociones.

En una conversación con un amigo cercano, Kenji, que siempre parecía inquebrantable, un día se abrió y compartió su ansiedad. Este momento fue un acto de valentía que iluminó la importancia de balancear *gaman* con la autenticidad. Kenji me enseñó que la verdadera fortaleza radica en poder ser humano, y en ese instante comprendí que ser vulnerable también puede ser una forma de resistencia.

VIVIR *GAMAN* EN LA VIDA DIARIA

Integrar *gaman* en nuestra vida diaria puede ser un viaje transformador. Aquí hay algunas recomendaciones prácticas para cultivar este concepto:

- Aceptar las limitaciones: reconocer que hay factores fuera de nuestro control es esencial. En lugar de frustrarnos por lo que no podemos cambiar, enfocarnos en lo que sí podemos influir nos ayuda a encontrar paz. Un consejo que me dio un anciano sabio fue: «No puedes cambiar el viento, pero sí ajustar las velas». Este pensamiento se convirtió en mi mantra en momentos de incertidumbre.

- Practicar la paciencia: la paciencia es una manifestación fundamental de *gaman*. Aprender a esperar y a no reaccionar impulsivamente ante las dificultades puede fortalecer nuestro carácter. En mi vida, he aprendido que muchas cosas valiosas requieren tiempo, y esa espera es en sí misma una forma de resistencia. Recuerdo un proyecto en el que trabajé durante meses; la paciencia fue clave para lograr un resultado exitoso.

- Fomentar la empatía: al ser conscientes de las luchas de los demás, podemos practicar *gaman* no solo en nuestra vida, sino también al ser un apoyo silencioso para quienes nos rodean. Cada vez que alguien comparte una carga, ofrecer una escucha atenta puede ser un acto poderoso de resistencia compartida. Me he propuesto estar presente para mis amigos, y esas pequeñas interacciones han enriquecido nuestras relaciones.

- Ejercitar la resiliencia: enfrentar los desafíos con una actitud positiva nos permite desarrollar nuestra capacidad de resistencia. Cada pequeño obstáculo superado es un paso hacia la fortaleza. He encontrado que cada vez que supero una adversidad, incluso si es pequeña, se convierte en un ladrillo en la construcción de mi propia fortaleza.

- Reflexionar diariamente: tomar unos minutos al final del día para reflexionar sobre nuestras experiencias puede ayudarnos a entender cómo hemos practicado *gaman*. Preguntarse «¿Qué he soportado hoy con dignidad?» nos conecta con nuestra propia humanidad. Esta práctica me ha brindado claridad y un sentido renovado de propósito.

GAMAN EN EL ÁMBITO LABORAL

Integrar el concepto de *gaman* en la vida laboral puede transformar nuestra perspectiva y mejorar nuestro bienestar. Aquí hay algunas formas prácticas de hacerlo:

- Compromiso silencioso: mantener un fuerte sentido de responsabilidad hacia el trabajo, incluso en tiempos de presión, refleja la esencia de *gaman*. Cada tarea, cada proyecto es una oportunidad para demostrar fortaleza y dedicación. Recuerdo cuando enfrentamos una fecha límite inminente, y el equipo trabajó horas extra, no por presión, sino por un compromiso compartido.

- Colaboración en tiempos difíciles: fomentar un ambiente de apoyo mutuo es clave. Al practicar *gaman* en el trabajo, podemos ayudar a nuestros compañeros a mantener la compostura, creando una red de resiliencia. En momentos de crisis, vi a mis colegas compartir palabras de aliento, cada gesto se sentía como un ladrillo en la construcción de un muro de fortaleza.

- Manejo del estrés: en lugar de sucumbir a la presión, aprender a abordar el estrés de manera constructiva es una forma de practicar *gaman*. Esto no solo beneficia nuestra salud mental, sino que también crea un entorno laboral más saludable. He descubierto que la meditación y la respiración profunda pueden ser aliados poderosos para mantener la calma en momentos de desafío.

- Celebrar pequeños logros: reconocer y celebrar los logros, por pequeños que sean, nos ayuda a mantener la motivación. Practicar *gaman* no significa ignorar las victorias, sino apreciarlas en el contexto de nuestras luchas. En nuestro equipo, establecimos rituales para celebrar cada pequeño éxito, convirtiendo la resistencia en una celebración conjunta.

- Fomentar un espacio abierto: crear un ambiente donde todos se sientan cómodos expresando sus emociones, sin miedo a ser juzgados, es fundamental. *Gaman* no debe convertirse en una carga, sino en un camino hacia el bienestar colectivo. En nuestro equipo, promovimos la apertura y la vulnerabilidad, lo que fortaleció nuestras relaciones y aumentó nuestra cohesión. Esto se puede resumir en el concepto de «seguridad psicológica».

REFLEXIONES FINALES

Al concluir nuestro viaje a través del concepto de *gaman*, es esencial comprender la profundidad de esta virtud japonesa de la perseverancia, la paciencia y la dignidad frente a la adversidad. *Gaman* nos enseña a soportar con gracia y fortaleza, a encontrar una calma interior en medio de las tormentas de la vida.

Reflexiona sobre tu fortaleza interior

Piensa en los momentos de tu vida en los que has tenido que enfrentar dificultades. ¿Cómo has respondido? ¿Has encontrado la fuerza para seguir adelante, incluso cuando las circunstancias eran desafiantes? Reflexiona sobre las cualidades internas que te ayudaron a perseverar. ¿Qué aprendiste de esas experiencias? Estas reflexiones te permitirán apreciar tu capacidad de resistencia y crecimiento personal, recordándote que dentro de ti reside una fuerza inquebrantable.

Cultiva la paciencia

La paciencia es una parte fundamental de *gaman*. En nuestra vida acelerada, a menudo queremos soluciones rápidas y resultados inmediatos. Sin embargo, la verdadera fortaleza radica en la capacidad de esperar y perseverar. Identifica un área de tu vida donde la paciencia podría ser beneficiosa. ¿Cómo puedes practicar la paciencia y permitir que las cosas se desarrollen a su propio ritmo? La paciencia nos enseña a confiar en el proceso, a encontrar serenidad en la espera y a valorar cada paso del camino.

Encuentra dignidad en la adversidad

La vida está llena de desafíos, pero *gaman* nos enseña a enfrentarlos con dignidad y gracia. Piensa en un momento reciente de adversidad. ¿Cómo puedes encontrar dignidad en tu respuesta? ¿Cómo puedes transformar una situación difícil en una oportunidad para crecer y fortalecer tu carácter? La dignidad en la adversidad nos eleva, nos recuerda nuestra capacidad de mantener la compostura y la integridad, incluso en los momentos más difíciles.

Practica la resiliencia

Gaman nos invita a desarrollar una resiliencia profunda. No se trata solo de soportar, sino de crecer y aprender a través de nuestras experiencias. La próxima vez que enfrentes un obstáculo, pregúntate: ¿Qué puedo aprender de esto? ¿Cómo puedo usar esta experiencia para fortalecer mi resiliencia? La resiliencia nos brinda la capacidad de adaptarnos, de encontrar nuevas rutas cuando las viejas se cierran y de emerger más fuertes y sabios.

Llamado a la acción

Te invito a llevar *gaman* a tu vida cotidiana con intención y consciencia. Empieza por reconocer los momentos en los que te sientes abrumado o impaciente. En esos momentos, respira profundamente y recuerda el espíritu de *gaman*. Encuentra la calma y la fortaleza dentro de ti para seguir adelante. Este ejercicio de consciencia te ayudará a enfrentar las situaciones con una mente más tranquila y un corazón más firme.

Medita sobre la resiliencia y la paciencia

Otra práctica poderosa es la meditación sobre la resiliencia y la paciencia. Dedica unos minutos cada día para meditar sobre las cualidades de *gaman*. Visualiza cómo estas cualidades pueden ayudarte a enfrentar los desafíos de tu vida con dignidad y gracia. La meditación nos conecta con nuestro ser interior, permitiéndonos encontrar un refugio de paz y claridad en medio del caos.

Comparte tu viaje con los demás

Habla sobre cómo *gaman* ha influido en tu vida y escucha las experiencias de quienes te rodean. Juntos, podemos crear una comunidad de apoyo y fortaleza, donde todos aprendemos a perseverar con dignidad y paciencia. Compartir nuestras historias nos fortalece mutuamente, creando una red de resiliencia y comprensión.

El espíritu de *gaman* nos recuerda que, aunque no siempre podemos controlar nuestras circunstancias, siempre podemos elegir cómo responder a ellas. Que estas reflexiones y acciones te inspiren a vivir con más paciencia, resiliencia y fortaleza. En *gaman* encontramos una invitación a soltar el control y confiar en el curso natural de la vida. Esta filosofía no es solo un consuelo, sino un faro de esperanza en tiempos de dificultad.

Valor de *gaman* en la cultura japonesa

El concepto de *gaman* es, sin duda, una piedra angular de la cultura japonesa, reflejando una filosofía de vida que valora la perseverancia, la autodisciplina y la fortaleza interior. A través de su historia y en su vida diaria, los japoneses han demostrado una notable capacidad para enfrentar las adversidades con dignidad y determinación. Sin embargo, es crucial reconocer la importancia del equilibrio y la salud mental, asegurando que la práctica de *gaman* no se convierta en una carga emocional insostenible.

Al comprender y apreciar el valor de *gaman*, podemos obtener una visión más profunda de la cultura japonesa y la resiliencia de su gente. Este concepto nos invita a reflexionar sobre nuestras propias vidas y a encontrar inspiración para aplicar estos principios de perseverancia y fortaleza. En cada acto de *gaman*, encontramos una conexión con nuestra humanidad, un recordatorio de que, aunque la vida pueda ser desafiante, siempre hay una belleza que emerge de nuestra capacidad para resistir.

Al integrar *gaman* en nuestra vida, aprendemos a ver la belleza en la imperfección y a encontrar consuelo en la transitoriedad de la existencia. Esta aceptación, lejos de ser un signo de rendición, se convierte en un acto de amor hacia uno mismo y hacia el mundo. Al final del día, es en la serenidad de *gaman* donde encontramos el verdadero sentido de la vida: un viaje lleno de altibajos, donde cada experiencia, cada lágrima y cada risa contribuyen a la riqueza de nuestra existencia.

桜梅桃李

OUBAITORI
Vivir sin comparaciones

La que nos ocupa en este capítulo es una palabra que nos muestra una rica filosofía sobre la individualidad y la diversidad. *Oubaitori* se refiere a los diferentes tipos de flores de los árboles de cerezo, ciruelo, durazno y albaricoque, y se utiliza metafóricamente para enseñar que cada persona debe florecer en su propio tiempo y manera.

Mientras recorría Kyoto por el antiguo camino que rodeaba el templo Kiyomizu-dera, no conseguía contemplar la belleza de ese lugar porque estaba perdido en mis pensamientos. Había llegado a Japón con una valija llena de sueños y una mente cargada de expectativas. Sin embargo, me encontraba atrapado en una tormenta de comparaciones y autocríticas, cuestionando constantemente mi propio camino.

En un pequeño jardín del templo, me encontré con una anciana que observaba atentamente un cerezo, un ciruelo, un durazno y un albaricoquero plantados en fila. Sus arrugas profundas y ojos serenos irradiaban una sabiduría tranquila. Sin decir una palabra, me hizo un gesto para que me uniera a ella. Durante un largo rato, permanecimos en silencio, contemplando los árboles. Finalmente, la anciana habló.

—Estos árboles son como las personas —dijo con una voz suave—. Cada uno florece a su propio ritmo y de manera única. No hay necesidad de compararlos. Simplemente, debemos admirar la belleza de cada uno en su propio tiempo.

Aquellas palabras resonaron en mi alma, despertando una comprensión profunda. Era el primer encuentro con el concepto de *oubaitori*.

ORÍGENES Y SIGNIFICADO DE *OUBAITORI*

El término *oubaitori* combina cuatro caracteres *kanji*: «桜» (*ou*) para el cerezo, «梅» (*bai*) para el ciruelo, «桃» (*tou*) para el durazno y «李» (*ri*) para el albaricoque. Cada uno de estos árboles florece en diferentes momentos y tiene características únicas, pero todos son igualmente hermosos y valiosos. La esencia de *oubaitori* radica en esta metáfora natural: al igual que estos árboles, las personas tienen diferentes caminos y tiempos para alcanzar su plenitud. No se deben comparar unas con otras, ya que cada una tiene su propio ritmo y manera de crecer y florecer.

La riqueza de *oubaitori* se extiende a múltiples aspectos de la vida, ofreciendo una filosofía que promueve la aceptación de la individualidad y la diversidad. Al entender y valorar este principio, podemos aprender a apreciar la belleza de la diversidad humana y a apoyarnos mutuamente en nuestros caminos únicos hacia el crecimiento y la realización.

OUBAITORI EN LA EDUCACIÓN Y EL DESARROLLO PERSONAL

Recordé a Hiroshi, un amigo que conocí en Japón. Desde joven, Hiroshi fue presionado para seguir los pasos de su hermano mayor, un prodigio académico. Sin embargo, Hiroshi tenía una pasión diferente: la música. A pesar de las constantes comparaciones y expectativas familiares, decidió seguir su propio camino. Con el tiempo, Hiroshi se convirtió en un talentoso violinista, encontrando su verdadero propósito y felicidad.

En el ámbito educativo, *oubaitori* promueve una visión más inclusiva y comprensiva del desarrollo de los estudiantes. Reconocer que cada alumno tiene su propio ritmo de aprendizaje y sus fortalezas únicas puede crear un ambiente más positivo y alentador. Este enfoque contrasta con sistemas educativos competitivos que pueden generar presión y estrés excesivos en los jóvenes.

En una escuela de Tokio, conocí a la profesora Yuki, quien aplicaba el principio de *oubaitori* en su aula. En lugar de imponer un currículo rígido, permitía a cada estudiante explorar sus intereses y talentos a su propio ritmo. Yuki contaba la historia de Kenji, un niño que inicialmente luchaba con las matemáticas, pero que tenía una increíble habilidad para el arte. Al reconocer y fomentar su talento artístico, Kenji no solo floreció en esa área, sino que también ganó confianza y mejoró en otras materias.

Los padres y educadores que adoptan el concepto de *oubaitori* se enfocan en apoyar a los niños para que descubran y desarrollen sus talentos individuales, en lugar de imponer estándares uniformes que no consideren las diferencias personales. Esta filosofía puede ayudar a crear generaciones de individuos seguros de sí mismos, resilientes y auténticos.

OUBAITORI EN EL MUNDO LABORAL

Pensé en mi camino, que siempre parecía fuera de lugar en mis trabajos corporativos, y el esfuerzo que hacía para «encajar». Recuerdo que en una de las compañías en que trabajé me dijeron que era «no alineado». Mientras otros disfrutaban de la competencia salvaje, yo la padecía, y me di cuenta de que había llegado a ese lugar por decisiones que otros tomaron por mí. Hoy puedo vivir de mi propósito, siendo auténtico y singular. Creo que ese es el superpoder que tenemos todas las personas de este mundo.

Espero que mi testimonio les recuerde la importancia de seguir nuestros propios caminos.

Las personas estamos hechas para florecer, no para encajar a la fuerza en modelos corporativos rígidos o en los moldes que define la sociedad. Así que hazlo, expande tu potencial, decide en libertad y permite que crezcan tus ramas y raíces sin que nada ni nadie te limite.

En el mundo laboral, *oubaitori* puede ser un principio valioso para la gestión y el desarrollo de los empleados. Reconocer y valorar las diferencias individuales puede conducir a equipos más diversos y creativos, donde cada miembro puede contribuir de acuerdo con sus fortalezas particulares. Esto no solo mejora la satisfacción y el bienestar de los empleados, sino que también puede aumentar la productividad y la innovación dentro de la empresa.

En una empresa de tecnología en Osaka, el gerente de equipo, Takeshi, implementó el principio de *oubaitori* al permitir que sus empleados eligieran proyectos basados en sus intereses y fortalezas. Takeshi observó un aumento notable en la productividad, la motivación y la creatividad del equipo.

OUBAITORI EN LA VIDA COTIDIANA

Aplicar el concepto de *oubaitori* en la vida cotidiana significa aceptar y celebrar las diferencias entre las personas. Esto incluye no solo las diferencias de habilidades y talentos, sino también las de personalidad, antecedentes y perspectivas. Al adoptar una mentalidad de *oubaitori*, se fomenta una mayor empatía y comprensión, lo que puede mejorar las relaciones interpersonales y la cohesión social.

Recuerdo a Yumi, una vecina que, a pesar de sus dificultades para adaptarse a la vida urbana, encontró su nicho en la jardinería comunitaria. Su jardín no solo florecía con flores hermosas, sino que también se convirtió en un lugar de encuentro y apoyo para la comunidad. Yumi enseñaba a los niños del vecindario sobre plantas y jardinería, transmitiendo su amor por la naturaleza y creando un sentido de comunidad y pertenencia.

Un ejemplo más personal es mi amigo Takashi, quien decidió renunciar a su trabajo en la ciudad para mudarse a una aldea rural y dedicarse a la agricultura orgánica. Aunque muchos pensaban que estaba tomando un camino erróneo, Takashi encontró paz y propósito en su nuevo estilo de vida, y su granja se convirtió en un modelo de sostenibilidad y colaboración comunitaria.

OUBAITORI Y SALUD MENTAL

El concepto de *oubaitori* también tiene implicaciones importantes para la salud mental. Al evitar las comparaciones constantes y la presión de ajustarse a estándares externos, las personas pueden desarrollar una mayor autoestima y autoaceptación. Esto puede reducir el estrés y la ansiedad, promoviendo un bienestar emocional más equilibrado.

Una vez conocí a Kenji, un hombre que había pasado años luchando contra la depresión debido a las expectativas sociales. Al descubrir *oubaitori*, comenzó a apreciar su propio ritmo de vida, encontrando paz y felicidad en su camino único. Kenji aprendió a valorar sus propios logros y a disfrutar de las pequeñas cosas que antes pasaban desapercibidas. Su historia es un recordatorio de que el camino hacia el bienestar mental comienza con la aceptación y el amor propio.

En una sociedad donde la competencia y la comparación pueden ser omnipresentes, *oubaitori* ofrece una alternativa saludable y equilibrada, recordando a las personas que cada una tiene su propio camino y ritmo en la vida. Al aceptar y celebrar nuestras diferencias, podemos crear una sociedad más compasiva y solidaria.

REFLEXIONES FINALES

A medida que concluimos nuestra exploración del concepto de *oubaitori*, es esencial recordar que cada persona tiene su propio ritmo y camino en la vida. *Oubaitori*, la metáfora de los cuatro árboles que florecen en diferentes momentos, nos enseña a apreciar y respetar nuestras propias trayectorias y las de los demás.

Reflexiona sobre tu propio camino

Piensa en tu vida y en las etapas que has atravesado. A menudo, podemos sentirnos presionados por las expectativas sociales o compararnos con los demás. Reflexiona sobre tus logros y desafíos. ¿Cómo has crecido a tu propio ritmo? ¿Qué lecciones has aprendido en tu viaje único? Cada experiencia que has vivido y cada obstáculo que has superado te han moldeado y te ha hecho la persona que eres hoy. Reconocer y valorar este viaje personal es fundamental para tu bienestar emocional.

Abraza tu individualidad

Cada uno de nosotros es único, con nuestras propias fortalezas y debilidades. Aceptar y celebrar nuestra individualidad es un paso crucial para vivir una vida plena y auténtica. Identifica las cualidades que te hacen único. ¿Cómo puedes abrazar y fortalecer estas cualidades en tu vida diaria? La autenticidad es un regalo que te das a ti mismo y al mundo. Al ser fiel a quien eres, permites que tu luz brille y que otros se sientan inspirados a hacer lo mismo.

Deja de compararte con los demás

Compararnos con los demás puede robarnos la alegría y la satisfacción. *Oubaitori* nos recuerda que cada persona florece a su propio tiempo. La próxima vez que te encuentres comparándote con alguien, recuerda que tu camino es único. ¿Cómo puedes enfocarte en tu propio crecimiento y progreso en lugar de mirar hacia los lados? La comparación es una trampa que nos desvía de nuestro verdadero propósito. Al enfocarte en tu propia jornada, puedes apreciar tus propios logros y avances.

Fomenta la paciencia y la compasión

Ser paciente con nosotros mismos y con los demás es fundamental para vivir con serenidad y gratitud. La compasión nos ayuda a entender que cada persona tiene su propio conjunto de desafíos y tiempos de florecimiento. ¿Cómo puedes practicar la paciencia y la compasión en tu vida diaria, tanto hacia ti mismo como hacia los demás? La paciencia es una virtud que se cultiva con el tiempo y la práctica. Permítete ser humano, cometer errores y aprender de ellos. La compasión te permitirá ser más amable contigo mismo y con los demás.

LLAMADO A LA ACCIÓN

Te invito a integrar *oubaitori* en tu vida diaria. Comienza por reconocer y apreciar tu propio ritmo y proceso de crecimiento. Lleva un diario donde registres tus logros, por pequeños que sean, y reflexiona sobre tu progreso personal sin comparaciones externas. Este hábito te ayudará a mantenerte enfocado en tu propio camino y a celebrar cada pequeño paso hacia adelante.

Meditación de la gratitud y la autoaceptación

Otra práctica poderosa es la meditación de la gratitud y la autoaceptación. Dedica unos minutos cada día para meditar sobre tus cualidades únicas y expresar gratitud por tu propio camino. Deja que estos momentos de introspección te ayuden a fortalecer tu sentido de individualidad y autoestima. La meditación te permitirá conectar con tu esencia, encontrar paz en tu ser y apreciar la belleza de tu propia existencia.

Comparte tu viaje y tus reflexiones

Comparte tu viaje y tus reflexiones con otros. Habla sobre cómo el concepto de *oubaitori* ha influido en tu vida y escucha las experiencias de quienes te rodean. Al hacerlo, podemos crear una comunidad de apoyo donde todos se sientan libres de florecer a su propio tiempo y a su propio ritmo. Compartir nuestras historias y aprendizajes fortalece nuestras conexiones y nos ayuda a construir relaciones más profundas y significativas.

Profundizando en *oubaitori*

El concepto de *oubaitori* es profundo y enriquecedor en la cultura japonesa, enseñándonos la importancia de la individualidad y la diversidad. Al igual que los árboles de cerezo, ciruelo, durazno y albaricoque, cada persona tiene su propio momento y manera de florecer. Adoptar esta filosofía puede conducir a una mayor aceptación, empatía y bienestar en todos los aspectos de la vida, desde la educación y el trabajo hasta las relaciones personales y la salud mental.

Valoración de la diversidad humana

Al entender y valorar el principio de *oubaitori*, podemos aprender a apreciar la belleza de la diversidad humana y a apoyarnos mutuamente en nuestros caminos únicos hacia el crecimiento y la realización. En un mundo que a menudo nos empuja a conformarnos y competir, *oubaitori* nos invita a encontrar nuestro propio ritmo, a florecer a nuestra manera y a celebrar la singularidad de cada individuo. Esta celebración de la diversidad nos permite construir un entorno más inclusivo y respetuoso, donde cada persona sea valorada por su autenticidad.

El espíritu de *oubaitori* nos recuerda que, aunque nuestros caminos pueden ser diferentes, cada uno es valioso y digno de ser celebrado. Que estas reflexiones y acciones te inspiren a vivir con más autoaceptación, paciencia y alegría en tu propio camino. Al integrar *oubaitori* en nuestra vida, aprendemos a ver la belleza en la diversidad y a encontrar consuelo en la singularidad de nuestra existencia. Esta aceptación, lejos de ser un signo de rendición, se convierte en un acto de amor hacia uno mismo y hacia el mundo.

Al final del día, es en la serenidad de *oubaitori* donde encontramos el verdadero sentido de la vida: un viaje lleno de altibajos, donde cada experiencia, cada lágrima y cada risa, contribuyen a la riqueza de nuestra existencia. Que el concepto de *oubaitori* te guíe a vivir con autenticidad, valorando cada momento y cada etapa de tu viaje personal.

«Si caminas solo, irás más rápido; si caminas acompañado, llegarás más lejos».

-Anónimo-

改善 - がんばって

KAIZEN - GAMBATTE
Cambio y perseverancia

Estos dos conceptos representan filosofías fundamentales de mejora continua y esfuerzo inquebrantable, respectivamente. Este capítulo explorará el significado y la aplicación de estos conceptos en diversos aspectos de la vida japonesa.

Trabajé en la línea de montaje de Nissan durante tres años. Al principio, la idea de pasar mis días soldando chasis de camionetas me parecía rutinaria, muy monótona, y no me creía capaz de soportar ese ritmo de trabajo por tantas horas. Pero fue en ese entorno donde descubrí dos de las filosofías más poderosas que he conocido: *kaizen* y *gambatte*.

Recuerdo mi primer día en la fábrica. El zumbido constante de las máquinas, el olor a metal y aceite, así como el ritmo implacable de la línea de montaje me hicieron sentir abrumado. Me asignaron a un equipo encargado de soldar y ensamblar chasis. No era el trabajo más glamuroso, pero rápidamente aprendí que cada pequeña tarea era crucial para el resultado final.

Mi supervisor, Tanaka-san, un hombre de mediana edad con más de veinte años de experiencia, me enseñó la importancia del *kaizen*. «Pequeñas mejoras, cada día», me decía. «Eso es lo que hace la diferencia». Tanaka-san era la personificación del *kaizen*; siempre estaba buscando maneras de hacer su trabajo más eficiente y efectivo. Cada día, antes de que comenzara nuestro turno, se reunía con nosotros para hacer ejercicio, informarnos de la producción del día y discutir posibles mejoras. A veces eran cambios minúsculos, como la disposición de las herramientas, pero siempre tenían un impacto positivo en nuestra productividad.

Una noche, después de un día particularmente duro, me quedé en la fábrica, observando las sombras de las máquinas en la penumbra. En ese momento, comprendí que la filosofía de *kaizen* no era solo una estrategia de trabajo, sino una forma de vida. Decidí aplicar este principio no solo en mi trabajo, sino en todos los aspectos de mi vida.

KAIZEN: LA MEJORA CONTINUA

Kaizen, que literalmente se traduce como «mejora» (*kai*) «buena» (*zen*), es una filosofía que promueve la mejora continua en todos los aspectos de la vida. Originado en Japón después de la Segunda Guerra Mundial, el concepto de *kaizen* se ha convertido en una piedra angular en el ámbito empresarial, especialmente en la industria manufacturera.

ORÍGENES DE *KAIZEN*

Kaizen se popularizó a través del sistema de producción de Toyota, donde se implementó como una estrategia para mejorar la eficiencia y la calidad. La idea era que todos, desde los directivos hasta los trabajadores de línea, se comprometieran a identificar y resolver problemas de manera continua.

PRINCIPIOS DE *KAIZEN*

- Mejoras pequeñas y continuas: *kaizen* se enfoca en realizar mejoras incrementales en lugar de cambios radicales.

- Participación de todos: todos en la organización, independientemente de su nivel jerárquico, participan en el proceso de mejora.

- Cultura de evaluación y retroalimentación: se promueve una cultura donde se evalúan regularmente los procesos y se da retroalimentación constante para mejorar.

KAIZEN Y LEAN MANAGEMENT

El *kaizen* es una parte integral del *lean management*, una metodología enfocada en la eliminación de desperdicios y la mejora continua de los procesos. El *lean management* utiliza principios de *kaizen* para optimizar los recursos, reducir los costos y mejorar la eficiencia. En la práctica, esto significa involucrar a todos los empleados en la identificación de áreas de mejora y la implementación de cambios incrementales.

Durante mi tiempo en Nissan, aprendí que el *kaizen* no solo mejoraba la eficiencia, sino que también fomentaba un ambiente de trabajo más colaborativo y motivador. Tomo como ejemplo el día en que Tanaka-san propuso una idea aparentemente simple: cambiar la posición de ciertos componentes para reducir el tiempo de ensamblaje. Esta pequeña modificación resultó en una mejora notable en nuestro rendimiento y, lo más importante, nos hizo sentir que todos podíamos contribuir al éxito de la empresa.

IMPLEMENTACIÓN DE *KAIZEN* EN EL ENTORNO LABORAL

Identificación de áreas de mejora: Comienza por observar y analizar los procesos actuales para identificar ineficiencias. Involucra a todos los empleados en este proceso, ya que ellos tienen un conocimiento profundo de sus tareas diarias.

- Reuniones regulares de retroalimentación: establece reuniones periódicas para discutir posibles mejoras. Estas reuniones deben ser espacios abiertos donde todos se sientan cómodos compartiendo sus ideas.

- Pequeños cambios: enfócate en realizar pequeños cambios incrementales en lugar de grandes reformas. Estos pequeños ajustes pueden acumularse con el tiempo para producir mejoras significativas.

- Capacitación continua: proporciona formación continua a los empleados para que puedan desarrollar nuevas habilidades y conocimientos. Esto no solo mejora su desempeño, sino que también los motiva, al ver que la empresa invierte en su desarrollo.

- Seguimiento y evaluación: implementa un sistema de seguimiento para evaluar el impacto de los cambios realizados. Usa esta información para ajustar y mejorar continuamente los procesos.

- Evaluaciones de procesos: implementa evaluaciones regulares de los procesos de trabajo para identificar áreas de mejora. Utiliza herramientas como, por ejemplo, diagramas de flujo y mapas de procesos para visualizar y analizar las operaciones.

- Círculos de calidad: fomenta la formación de círculos de calidad, grupos pequeños de empleados que se reúnen regularmente para discutir y proponer mejoras.

En el entorno laboral, *kaizen* implica la implementación de pequeños cambios que, acumulativamente, resultan en grandes mejoras en la productividad y eficiencia. Esto puede incluir la reorganización de espacios de trabajo, la actualización de procedimientos operativos y la capacitación continua de los empleados.

En otra ocasión, se identificó que el proceso de instalación de los accesorios podría mejorarse si se ajustaban los soportes en los que se colocaban antes de ser soldados en el chasis. Al principio, parecía un cambio insignificante, pero resultó en una reducción del tiempo de ensamblaje de varios segundos por chasis. En una línea de producción donde se fabrican cientos de coches al día, estos segundos acumulados representaban una diferencia significativa en la productividad.

KAIZEN EN LA VIDA COTIDIANA

Fuera del ámbito empresarial, *kaizen* también puede aplicarse en la vida personal. Adoptar una mentalidad de mejora continua puede llevar a mejores hábitos, mayor productividad y un crecimiento personal constante. Pequeños cambios diarios, como la organización del hogar, el manejo del tiempo y el desarrollo de nuevas habilidades, pueden tener un impacto significativo a largo plazo.

Por ejemplo, en mi vida personal, adopté el *kaizen* para mejorar mi rutina diaria. Empecé por pequeñas modificaciones: ajustar la disposición de mi espacio de trabajo en casa, establecer horarios específicos para tareas diarias y buscar maneras de ser más eficiente en mis actividades cotidianas. Con el tiempo, estos pequeños cambios se acumularon y noté una mejora significativa en mi productividad y bienestar general.

GAMBATTE: ESFUERZO Y PERSEVERANCIA

Gambatte (a menudo expresado como *¡Gambatte kudasai!* 頑張っ
てください) es una expresión que se traduce como «haz tu mejor
esfuerzo» o «buena suerte». Sin embargo, su significado es
mucho más profundo, implicando una actitud de perseverancia
y esfuerzo inquebrantable frente a los desafíos.

SIGNIFICADO DE *GAMBATTE*

Gambatte es una exhortación a dar lo mejor de uno mismo, a
persistir a pesar de las dificultades y a no rendirse. Es un concepto que resuena profundamente en la cultura japonesa, reflejando la importancia del esfuerzo y la dedicación.

GAMBATTE EN LA VIDA COTIDIANA

En la vida diaria, *gambatte* se utiliza en una variedad de con-
textos, desde animar a alguien en sus estudios o trabajo, hasta
apoyar a un amigo que enfrenta una situación difícil. Es una
manera de expresar solidaridad y aliento.

Durante mi tiempo en Nissan, *gambatte* se convirtió en un
mantra diario. Había días en los que las tareas parecían abru-
madoras, cuando los problemas surgían uno tras otro y el agotamiento físico se hacía sentir. Pero cada vez que escuchaba
gambatte de mis compañeros, recordaba la importancia de perseverar y dar lo mejor de mí mismo.

GAMBATTE EN EL TRABAJO

Un ejemplo claro de *gambatte* en el entorno laboral fue durante
un periodo en el que la línea de montaje enfrentaba problemas

constantes con la calibración de las soldadoras. Cada vez que surgía un problema, el equipo no se desanimaba. En lugar de rendirse, nos reuníamos, discutíamos posibles soluciones y volvíamos al trabajo con renovada determinación. Esta actitud no solo nos ayudó a superar los problemas, sino que también fortaleció nuestro espíritu de equipo.

Hubo una ocasión en la que un fallo en la cadena de suministro nos dejó sin una pieza crucial para el ensamblaje. La presión para mantener la producción era inmensa, pero, en lugar de rendirnos, adoptamos la mentalidad de *gambatte*. Trabajamos juntos para encontrar una solución temporal y ajustar el proceso para minimizar el impacto. La experiencia no solo demostró nuestra capacidad de adaptarnos, sino que también reforzó la importancia de no rendirse ante las dificultades.

GAMBATTE Y RESILIENCIA

La filosofía de *gambatte* también está relacionada con la resiliencia. Enfrentar los fracasos y dificultades con una actitud de perseverancia es crucial para superar obstáculos y alcanzar el éxito. Este enfoque se ve reflejado en la manera en que los japoneses abordan las adversidades, mostrando una notable capacidad para recuperarse y seguir adelante.

Recuerdo una vez cuando un error en la línea de montaje causó un retraso significativo en la producción. La frustración era palpable, pero Tanaka-san nos recordó la importancia de *gambatte*. En lugar de dejarnos vencer por el contratiempo, analizamos el problema, aprendimos de nuestros errores y redoblamos nuestros esfuerzos. La experiencia nos hizo más fuertes y unidos como equipo.

Pensé también en la comunidad de Onagawa, una pequeña ciudad costera devastada por el tsunami de 2011. A pesar de la destrucción y las pérdidas, los habitantes mostraron una resiliencia increíble. Con el espíritu de *gambatte*, trabajaron juntos para reconstruir su ciudad. Cada pequeño progreso era una victoria, y con el tiempo Onagawa resurgió como una comunidad más fuerte y unida. La historia de Onagawa me enseñó que, aunque la vida puede presentar desafíos abrumadores, la perseverancia y la determinación pueden llevarnos a superar incluso las situaciones más difíciles.

GAMBATTE EN EL DEPORTE Y LAS COMPETENCIAS

En el ámbito deportivo, *gambatte* es una palabra de uso común para motivar a los atletas a esforzarse al máximo y superar sus límites. Esta mentalidad de no rendirse y dar lo mejor de sí mismos es fundamental en la formación de deportistas y equipos exitosos.

Un claro ejemplo es el de Ryu, un joven maratonista que conocí en Osaka. Ryu había sufrido una lesión grave que amenazaba con poner fin a su carrera. Sin embargo, con la mentalidad de *gambatte*, se sometió a una rigurosa rehabilitación y entrenamiento. Día tras día, trabajó incansablemente para recuperar su forma física. Finalmente, no solo volvió a competir, sino que también ganó un importante maratón local. La historia de Ryu es un testimonio del poder de la perseverancia y el esfuerzo inquebrantable.

REFLEXIONES FINALES

Los conceptos de *kaizen* y *gambatte* albergan no solo una filosofía, sino un estilo de vida profundamente arraigado en la cultura japonesa. *Kaizen* se basa en la premisa de que la mejora no es un evento, sino un proceso continuo. Este principio nos enseña que no necesitamos esperar a un gran cambio o una revelación trascendental para mejorar nuestras vidas. En cambio, podemos comenzar ahora, haciendo ajustes mínimos pero significativos que, con el tiempo, generan una transformación profunda.

Piensa en cómo has aplicado *kaizen* sin darte cuenta: tal vez ajustaste tu dieta, incorporaste una rutina de ejercicios o mejoraste tus habilidades laborales a través de la práctica constante. Estos pequeños pasos, aunque aparentemente insignificantes en el momento, se acumulan y producen un impacto duradero. Reflexiona sobre estas experiencias. ¿Cómo puedes adoptar *kaizen* de manera más consciente y deliberada? Tal vez sea a través de una mejora continua en la comunicación con tus seres queridos, en tu desarrollo profesional o en tu bienestar personal. *Kaizen* nos invita a adoptar una mentalidad de crecimiento, a ver cada obstáculo como una oportunidad para mejorar y cada error como una lección valiosa.

Por otro lado, *gambatte* nos enseña la importancia de la perseverancia. En un mundo donde el éxito a menudo se mide por resultados rápidos, *gambatte* nos recuerda que la verdadera fortaleza radica en no rendirse, en mantenerse firme incluso cuando los desafíos parecen insuperables. Todos hemos enfrentado momentos de dificultad. Piensa en una de esas experiencias. ¿Qué te permitió seguir adelante? ¿Fue el apoyo de un ser querido, una visión clara de tus metas, o simplemente tu deseo de no fallar? *Gambatte* te invita a cultivar esta determinación y a aplicarla a todas las áreas de tu vida. La perseverancia no solo es una herramienta para superar obstáculos, sino también una forma de construir un carácter fuerte y resiliente.

Celebrar los pequeños logros es otro aspecto crucial de esta filosofía. En la búsqueda de la mejora continua, es fácil perder de vista las victorias menores. Sin embargo, cada pequeño éxito es un testimonio de tu esfuerzo y dedicación. Celebrar estos logros, por modestos que sean, no solo refuerza tu motivación, sino que también te ayuda a mantener una perspectiva positiva.

La mejora continua no es una carrera, sino un maratón, y cada paso hacia adelante es digno de reconocimiento.

Finalmente, es fundamental fomentar un entorno de apoyo. La mejora continua y la perseverancia son procesos más significativos cuando se comparten con otros. Al rodearte de personas que te apoyan y te motivan, creas un entorno donde todos pueden crecer juntos. Compartir tus metas y logros con otros no solo fortalece tus lazos, sino que también inspira a los demás a seguir tu ejemplo. La comunidad es una fuente poderosa de energía y apoyo en el camino hacia la mejora continua.

LLAMADO A LA ACCIÓN

Te invito a hacer de *kaizen* y *gambatte* los pilares de tu vida cotidiana. No te limites a entender estos conceptos de manera teórica; intégralos con intención y propósito en cada aspecto de tu vida. Comienza identificando un área específica en la que desees mejorar. Tal vez sea en tu desarrollo personal, profesional o en tus relaciones. Luego, divide esta mejora en pequeños pasos manejables y comprométete a trabajar en ellos todos los días. Lleva un registro de tu progreso, no solo para medir tu avance, sino también para recordar que cada pequeño paso cuenta. Si te enfocas a mejorar 1 % por día, terminarás cada año siendo 365 veces mejor de como lo comenzaste.

Practica la perseverancia de *gambatte* en tu vida diaria. La próxima vez que enfrentes un obstáculo, recuerda que la clave no está en evitar los desafíos, sino en enfrentarlos con determinación. Cuando te sientas desanimado, utiliza herramientas como la meditación o la visualización para reforzar tu enfoque y mantenerte conectado con tus metas a largo plazo. *Gambatte* no es solo un acto de resistencia, sino un compromiso profundo con tu propio crecimiento y bienestar.

Además, comparte tu viaje con otros. Habla abiertamente sobre cómo *kaizen* y *gambatte* han influido en tu vida. Comparte tus experiencias, tanto los éxitos como los desafíos, y escucha las historias de quienes te rodean. Juntos, podemos crear una comunidad donde el apoyo mutuo y la mejora continua sean el corazón de nuestras relaciones. Al compartir este camino, no solo te fortaleces a ti mismo, sino que también inspiras a otros a seguir adelante, a mejorar y a perseverar.

El espíritu de *kaizen* y *gambatte* nos recuerda que cada día es una nueva oportunidad para mejorar y que la verdadera fortaleza reside en la capacidad de seguir adelante, paso a paso. Que estas reflexiones y acciones te motiven a vivir con más propósito, determinación y alegría en tu camino de mejora continua. Aprovecha cada día como una oportunidad para avanzar, para aprender y para crecer, tanto en lo personal como en lo profesional.

«Aquellos que piensan que no tienen tiempo para una alimentación saludable, tarde o temprano, encontrarán tiempo para la enfermedad.

-Edward Stanley-

ぬちぐすい - 腹八分

NUCHI GUSUI - HARÁ HACHI BU
Alimento para la vida

La cultura japonesa se caracteriza por una profunda conexión con la naturaleza y un enfoque holístico de la salud y el bienestar. Dos conceptos que reflejan estos principios son *nuchi gusui* (命薬) y *hará hachi bu* (腹八分). *Nuchi gusui*, originario de Okinawa, se traduce como «medicina para la vida» o «alimento como medicina», mientras que *hará hachi bu* significa «comer hasta estar un 80 % lleno». Este capítulo explora estos conceptos y cómo contribuyen a una vida saludable y equilibrada en la cultura japonesa.

A continuación, os mostraré un pequeño cuento para entender *nuchi gusui* y *hará hachi bu*.

Una vez, en un pequeño pueblo costero de Okinawa, vivía un hombre llamado Haruto. Cada día, Haruto se levantaba antes del amanecer para cuidar de su jardín. No era un jardín cualquiera; estaba lleno de plantas exóticas, algunas traídas de lugares lejanos, otras transmitidas a través de generaciones. Haruto creía que cada planta tenía un propósito, una historia y una vida que contar.

Una mañana, mientras regaba sus plantas, encontró una semilla que no reconocía. Era pequeña y brillante, casi como si guardara un misterio en su interior. Decidió plantarla en el centro de su jardín, en un lugar donde el sol la acariciaría todo el día. A medida que pasaban los días, la semilla comenzó a crecer, lentamente al principio, pero con una fuerza y vitalidad sorprendentes.

Haruto notó que las plantas alrededor de la nueva adición parecían más verdes, más vivas. Era como si la nueva planta transmitiera una energía especial a todo el jardín. Sin embargo, lo más extraño ocurrió cuando Haruto comenzó a consumir los frutos de esta planta. No solo se sentía más saludable, sino que también experimentaba sueños vívidos, llenos de colores y sensaciones que nunca antes había experimentado.

En uno de esos sueños, una anciana apareció y le dijo:

—Esta planta es *nuchi gusui*, la medicina de la vida. Te ha sido dada para enseñarte a vivir en armonía con la naturaleza y con tu propio ser. Pero recuerda: también debes practicar *hará hachi bu*, y nunca excederte, incluso con algo tan maravilloso como esto.

Despertando con una nueva perspectiva, Haruto comenzó a vivir su vida con estos principios. Se dio cuenta de que la clave para una vida plena no estaba solo en lo que consumía, sino en cómo lo hacía y en la conexión que mantenía con la naturaleza.

NUCHI GUSUI: LA MEDICINA DE LA VIDA

Orígenes y significado

Nuchi gusui, una expresión okinawense que literalmente significa «medicina para la vida», encapsula la creencia en el poder curativo de los alimentos y el estilo de vida. En Okinawa, una de las regiones más longevas del mundo, este concepto es una piedra angular de la salud y el bienestar. Crecí en una pequeña aldea de Okinawa, donde mi abuela me enseñó desde temprana edad a ver la comida como algo más que sustento. Cada plato era una ofrenda, una oportunidad para sanar el cuerpo y nutrir el alma.

Alimentación y salud

En mi vida diaria, aplico los principios de *nuchi gusui* mediante una dieta rica en vegetales frescos, pescado, algas marinas y productos de soja. Recuerdo una mañana soleada en el mercado local, donde los colores y olores de los productos frescos me llenaban de alegría. Al seleccionar cuidadosamente cada ingrediente, sentía una conexión profunda con la tierra y el mar. Al cocinar, siempre me aseguro de mantener la esencia de cada ingrediente, honrando su valor nutritivo y curativo.

El papel de la naturaleza

Nuchi gusui también abarca el respeto y la conexión con la naturaleza, lo pude observar en la recolección de alimentos frescos, la pesca sostenible y la agricultura orgánica eran prácticas comunes que reflejaban este principio. La naturaleza no solo nos proveía alimentos, sino que también ofrecía un entorno para la actividad física y la meditación, contribuyendo al bienestar general.

HARÁ HACHI BU: MODERACIÓN EN LA ALIMENTACIÓN

Orígenes y significado

Hará hachi bu, un principio de moderación alimentaria, se traduce como «comer hasta estar un 80 % lleno». Este concepto, también originario de Okinawa, está profundamente arraigado en la cultura japonesa. Mi primer encuentro con *hará hachi bu* fue en una cena familiar. Observé que mis familiares comían despacio, disfrutando cada bocado, y dejaban de comer antes de sentirse completamente llenos, totalmente opuesto a mi modo occidental, que era comer rápido y hasta reventar. Entendí que este hábito no era solo una cuestión de salud física, sino también una práctica de disciplina y respeto por la comida.

Beneficios para la salud

Practicar *hará hachi bu* ayuda a evitar el sobrepeso y las enfermedades relacionadas con la obesidad, como la diabetes y las enfermedades cardiovasculares. Comer menos reduce el estrés en el sistema digestivo y puede aumentar la longevidad, como lo demuestran los habitantes de Okinawa. En mi vida diaria, esta práctica me ha permitido mantener un equilibrio, evitando la sensación de pesadez y promoviendo una digestión óptima.

Aplicación en la vida diaria

En la práctica, *hará hachi bu* implica comer despacio, saborear cada bocado y escuchar las señales del cuerpo sobre la saciedad. Recuerdo una vez, durante un almuerzo de trabajo con colegas, cuando todos se apresuraban a terminar sus platos. Decidí comer despacio, apreciando cada sabor y textura. Esta práctica no solo mejoró mi digestión, sino que también me permitió estar más presente y consciente en cada comida.

LA SINERGIA DE *NUCHI GUSUI* Y *HARÁ HACHI BU*

La combinación de *nuchi gusui* y *hará hachi bu* crea un enfoque holístico para la salud y el bienestar. Mientras que *nuchi gusui* se centra en la calidad y los beneficios curativos de los alimentos, *hará hachi bu* promueve la moderación y la consciencia en el acto de comer.

EJEMPLOS EN LA VIDA COTIDIANA

- Dieta rica en nutrientes: incorporar una variedad de vegetales, pescado y productos de soja en la dieta diaria. Por ejemplo, mi desayuno favorito incluye una mezcla de tofu, huevos y verduras frescas, que no solo es delicioso, sino también extremadamente nutritivo.

- Moderación: practicar *hará hachi bu* en cada comida, evitando comer en exceso. Durante las cenas en casa, suelo servir porciones más pequeñas y disfrutar de cada bocado lentamente, deteniéndome antes de sentirme completamente lleno.

- Conexión con la naturaleza: participar en actividades al aire libre, como la jardinería, la recolección de alimentos y la meditación en la naturaleza. Los fines de semana, disfruto caminando por el parque cercano y meditando frente al hermoso Río de la Plata.

- Cocina tradicional: preparar comidas caseras con ingredientes frescos y mínimamente procesados, recuerden que todo lo que esté dentro de un paquete no es un alimento. A menudo, invito a amigos a casa y, juntos, preparamos platos tradicionales de Okinawa, utilizando recetas de mi abuela que han pasado de generación en generación.

REFLEXIONES FINALES

Al llegar al final de nuestro viaje a través de *nuchi gusui* y *hará hachi bu*, nos damos cuenta de que estos principios no son simplemente prácticas alimentarias, sino enfoques holísticos hacia una vida plena y equilibrada. *Nuchi gusui*, que se traduce como «medicina de la vida», nos invita a ver la alimentación no solo como un acto de nutrición, sino como un acto de sanación. Cada alimento que elegimos es una oportunidad para nutrir nuestro cuerpo, mente y espíritu. En la tradición okinawense, los alimentos son tratados con un profundo respeto, reconocidos por su poder para fortalecer, curar y mantener la vitalidad.

Hará hachi bu, por otro lado, nos enseña la importancia de la moderación, una lección fundamental en un mundo donde el exceso y el consumismo son la norma. Esta práctica de comer hasta estar un 80 % lleno no es solo una estrategia para mantener un peso saludable, sino una filosofía de vida que promueve el autocontrol, la atención plena y el respeto por los recursos que tenemos. Al detenernos antes de sentirnos completamente saciados, practicamos la autodisciplina, cultivamos una mayor consciencia de nuestras necesidades corporales y evitamos el agotamiento de nuestros sistemas internos.

En nuestra vida diaria, estos principios pueden transformar nuestra relación con la comida y, por ende, con nosotros mismos. Reflexiona sobre cómo te relacionas con los alimentos: ¿comes con prisa, sin prestar atención, o dedicas tiempo a saborear y agradecer cada bocado? *Nuchi gusui* nos recuerda que cada comida es una oportunidad para conectar con la tierra, con nuestra cultura y con nuestra salud. Al adoptar una visión más consciente de la alimentación, no solo nutrimos nuestro cuerpo, sino que también cultivamos un sentido de gratitud y conexión con algo más grande que nosotros mismos.

Hará hachi bu también nos invita a reflexionar sobre nuestras elecciones diarias más allá de la mesa. En un mundo que constantemente nos empuja a querer más, hacer más y ser más, la práctica de la moderación es un recordatorio poderoso de que la verdadera satisfacción no proviene del exceso, sino del equilibrio. ¿Cómo puedes aplicar esta lección en otras áreas de tu vida? Tal vez sea en tu consumo de bienes materiales, en tu uso del tiempo o en cómo manejas tus emociones.

Finalmente, *nuchi gusui* y *hará hachi bu* nos enseñan la importancia de la conexión entre el cuerpo y la mente. Al cuidarnos a nivel físico a través de la alimentación consciente y la moderación, también estamos fortaleciendo nuestra salud mental y emocional. Cada elección que hacemos en favor de nuestra salud es una afirmación de nuestra autodeterminación y nuestra capacidad para vivir una vida plena y equilibrada.

LLAMADO A LA ACCIÓN

Te invito a incorporar *nuchi gusui* y *hará hachi bu* en tu vida diaria de manera intencional y consciente. Comienza por observar tus hábitos alimenticios: ¿te sientes verdaderamente nutrido después de cada comida, o simplemente lleno? Haz un esfuerzo por comer despacio, saboreando cada bocado, y detente cuando estés un 80 % satisfecho. Este simple cambio puede tener un impacto profundo en tu bienestar, ayudándote a mantener un peso saludable, mejorar tu digestión y aumentar tu energía.

Nuchi gusui te invita a reconsiderar lo que pones en tu plato. Piensa en los alimentos que eliges: ¿son frescos, naturales, llenos de vida y nutrientes, o están altamente procesados y desprovistos de sus beneficios naturales? Al elegir alimentos que nutran tu cuerpo de manera profunda, estás practicando un acto de amor propio. Dedica tiempo a planificar y preparar comidas que no solo alimenten tu cuerpo, sino también tu espíritu. Involucra a tus seres queridos en este proceso, compartiendo recetas saludables y disfrutando juntos de los beneficios de una alimentación consciente.

Hará hachi bu nos enseña la moderación no solo en la comida, sino en todas las áreas de nuestra vida. Practica la moderación en tu consumo de bienes materiales, en la gestión de tu tiempo y en tus respuestas emocionales. Al hacerlo, no solo estás adoptando un enfoque más equilibrado de la vida, sino que también estás reduciendo el estrés y aumentando tu bienestar general.

Comparte tu viaje con los demás. Habla sobre cómo estos principios han influido en tu vida y escucha las historias de quienes te rodean. Al compartir tu experiencia, estás contribuyendo a crear una comunidad de apoyo donde todos pueden aprender y crecer juntos. Reflexiona sobre cómo puedes aplicar *nuchi gusui* y *hará hachi bu* en tu entorno, ya sea en casa, en el trabajo o en tu comunidad.

Nuchi gusui y *hará hachi bu* nos recuerdan que la salud verdadera y la felicidad se encuentran en las pequeñas elecciones diarias. Que estas reflexiones y acciones te inspiren a vivir con más equilibrio, gratitud y bienestar en tu camino hacia una vida más plena y saludable. Al adoptar estos principios, te unes a una tradición ancestral que ha sostenido a generaciones, guiándolas hacia una longevidad vibrante y una existencia plena. En mi propia vida, estos principios me han enseñado a encontrar equilibrio en medio del caos, a nutrirme de manera consciente y a vivir con una gratitud que transforma incluso las acciones más simples en actos de amor y respeto.

金継ぎ

KINTSUGI

Repararse para seguir creciendo

Uno de los conceptos japoneses más profundos y visualmente impactantes es el *kintsugi* (金継ぎ), que literalmente significa «reparación dorada». Esta técnica de reparación de cerámica rota con resina mezclada con polvo de oro, plata o platino no solo restauraba los objetos, sino que los embellecía, transformando sus cicatrices en una característica destacada. Este capítulo explora el significado de *kintsugi* y su aplicación tanto en el arte como en la vida cotidiana.

Recuerdo una tarde, mientras paseaba en Kyoto por el mercado de antigüedades de Toji, encontré una tienda pequeña y polvorienta, escondida entre puestos más llamativos. Sentí una atracción hacia esa tienda, como si un imán invisible me guiara hacia su interior. Al cruzar la puerta, un aroma a madera envejecida y resina me envolvió.

En el fondo de la tienda, un anciano artesano trabajaba meticulosamente en un cuenco de cerámica roto. Cada movimiento era preciso y deliberado. Me quedé observando en silencio, fascinado por la destreza de sus manos y la serenidad de su rostro. Finalmente, el anciano levantó la vista y me ofreció una sonrisa cálida.

«¿Te interesa el *kintsugi*?», preguntó con una voz suave y pausada.

Asentí, explicándole que siempre me había intrigado la idea de encontrar belleza en la imperfección. El anciano me invitó a sentarme y comenzó a contarme la historia de su cuenco. Era un objeto antiguo, heredado de su bisabuelo, que había sufrido numerosas roturas a lo largo de los años. Cada reparación con oro le había dado una nueva vida, convirtiéndolo en algo aún más valioso y hermoso.

«Cada grieta cuenta una historia», dijo el anciano. «La historia de nuestras vidas, con todas sus rupturas y reparaciones, es lo que nos hace únicos y fuertes».

Me sentí profundamente conmovido por sus palabras. Al salir de la tienda con el cuenco de los secretos en mis manos, comprendí que el *kintsugi* no era solo una técnica de reparación, sino una filosofía de vida.

ORÍGENES Y SIGNIFICADO DE *KINTSUGI*

Historia del *kintsugi*

El origen del *kintsugi* se remonta al siglo XV, durante el período Muromachi, cuando el sogún Ashikaga Yoshimasa envió una pieza de cerámica rota a China para ser reparada. Al recibir la pieza de vuelta con grapas metálicas que la reparaban, se sintió insatisfecho y pidió a los artesanos japoneses que buscaran una solución más estéticamente agradable. Así nació el *kintsugi*, una técnica que no solo reparaba, sino que también embellecía la cerámica rota.

Recuerdo haber visitado el templo Ginkaku-ji, también conocido como el Pabellón de Plata, que fue construido por el sogún Yoshimasa. Allí, entre los jardines zen y las estructuras históricas, sentí una conexión profunda con el pasado. Era como si las paredes y los caminos susurraran historias de resiliencia y belleza en la imperfección.

FILOSOFÍA DEL *KINTSUGI*

Kintsugi refleja la filosofía japonesa del *wabi-sabi* que vimos en el capítulo 1, que encuentra la belleza en la imperfección y la transitoriedad. Las grietas y las reparaciones no se ocultan; en cambio, se destacan y celebran como parte de la historia del objeto. Esta práctica simboliza la resiliencia y la transformación, mostrando que las cicatrices y las imperfecciones pueden convertirse en algo hermoso.

KINTSUGI EN EL ARTE Y LA CULTURA

Técnica del *kintsugi*

El proceso de *kintsugi* es meticuloso y requiere habilidad y paciencia. Primero, las piezas rotas se ensamblan usando una laca especial llamada *urushi*. Luego, las grietas se rellenan con resina mezclada con polvo de oro, plata o platino. Este proceso puede tardar semanas, ya que cada capa de laca debe secarse completamente antes de aplicar la siguiente.

En una ocasión, tuve la oportunidad de aprender *kintsugi* de un maestro artesano en Kanazawa. Pasé días en su taller, rodeado de herramientas y materiales antiguos, observando cómo cada pieza rota era transformada con paciencia y dedicación. La experiencia me enseñó la importancia de la atención al detalle y la aceptación de los tiempos de sanación, tanto en la cerámica como en la vida.

Ejemplos de *kintsugi*

Muchos artistas contemporáneos han adoptado y reinterpretado el *kintsugi* en sus obras, utilizando esta técnica no solo en cerámica, sino también en otros materiales. Las piezas reparadas con *kintsugi* no solo son apreciadas por su valor estético, sino también por su simbolismo profundo.

Recuerdo haber visitado una galería en Tokio donde se exhibían obras modernas de *kintsugi*. Entre las piezas, una escultura de metal y vidrio roto, reparada con oro, capturó mi atención. La luz se reflejaba en las grietas doradas, creando un efecto hipnótico que hablaba de la fragilidad y la fortaleza humana.

APLICACIÓN DEL *KINTSUGI* EN LA VIDA COTIDIANA

Resiliencia y sanación personal

El *kintsugi* ofrece una poderosa metáfora para la vida humana. Al igual que la cerámica rota, las personas también experimentan rupturas y cicatrices. En lugar de ocultar o avergonzarse de estas imperfecciones, el *kintsugi* nos anima a aceptarlas y a verlas como parte de nuestra historia y crecimiento personal. La idea de que las cicatrices pueden ser embellecidas nos enseña a valorar nuestras experiencias y a encontrar fuerza en nuestra vulnerabilidad.

Relación con la autoaceptación

Practicar la filosofía del *kintsugi* en la vida cotidiana implica aceptar nuestras imperfecciones y aprender a verlas como características que nos hacen únicos. Esto puede aplicarse a nuestras relaciones, carreras y desarrollo personal. Al adoptar esta mentalidad, podemos cultivar una mayor autoaceptación y empatía hacia los demás.

Kintsugi y la comunidad

El *kintsugi* también puede aplicarse a la comunidad, simbolizando la importancia de la unidad y la colaboración. Al igual que la cerámica rota que se repara y se fortalece, las comunidades pueden sanar y crecer juntas después de experiencias difíciles, encontrando belleza en su historia compartida.

APLICACIÓN DEL *KINTSUGI* EN LA VIDA LABORAL

Resiliencia en el trabajo

En el entorno laboral, el *kintsugi* nos enseña a ver los desafíos y errores como oportunidades para aprender y mejorar. Aceptar y abordar nuestras imperfecciones nos permite desarrollar una mentalidad de crecimiento y resiliencia.

En el ámbito laboral, he aprendido a aplicar el *kintsugi* de manera práctica. En lugar de ocultar mis errores y fracasos, los comparto abiertamente con mi equipo. Esto no solo crea un ambiente de confianza y honestidad, sino que también fomenta la resiliencia y la innovación. Cada error es una oportunidad para aprender y crecer, y cada éxito se vuelve aún más valioso.

Por ejemplo, durante un proyecto importante en mi trabajo, cometí un error que costó tiempo y recursos. En lugar de ocultarlo, decidí compartirlo con mi equipo y buscar soluciones juntos. Este enfoque no solo resolvió el problema de manera más rápida, sino que también fortaleció la cohesión y la confianza en el equipo. Aprendimos a valorar nuestros errores como oportunidades de mejora, aplicando la filosofía del *kintsugi* en nuestro entorno laboral. Mostrar vulnerabilidad y humanidad nos convierte en líderes más cercanos e influyentes.

Innovación y creatividad

El *kintsugi* también fomenta la innovación y la creatividad en el lugar de trabajo. Al ver las imperfecciones y desafíos como oportunidades, podemos encontrar nuevas y mejores formas de hacer las cosas.

En varias ocasiones en las compañías que dirijo, generamos reuniones de lluvia de ideas, donde animamos a todos a compartir sus ideas, sin importar cuán inusuales o arriesgadas parecieran. Aplicamos la filosofía del *kintsugi* al valorar y desarrollar las ideas menos convencionales. Este enfoque llevó a la creación de productos y soluciones innovadoras que superan nuestras expectativas.

REFLEXIONES FINALES

El arte del *kintsugi* encierra una profunda sabiduría que trasciende la simple restauración de objetos rotos. Este antiguo arte japonés no solo repara, sino que eleva las fracturas a un nivel de belleza sublime. En cada grieta dorada, el *kintsugi* nos recuerda que nuestras cicatrices, lejos de ser marcas de imperfección, son señales de nuestra capacidad para sanar, adaptarnos y transformarnos. Estas cicatrices, ya sean físicas, emocionales o espirituales, narran nuestra historia y nos definen, otorgándonos una fortaleza y una belleza únicas que solo emergen del proceso de reparación.

Al reflexionar sobre nuestras propias cicatrices, es crucial entender cómo han moldeado nuestra identidad y carácter. Muchas veces, en la sociedad contemporánea, existe una tendencia a ocultar o minimizar nuestras imperfecciones, como si estas nos hicieran menos dignos o capaces. Sin embargo, el *kint-sugi* nos enseña a cambiar nuestra perspectiva: en lugar de ver las cicatrices como defectos, debemos verlas como pruebas de nuestra resiliencia, como capítulos esenciales de nuestra narrativa personal. Estas cicatrices son recordatorios de que hemos superado adversidades; de que hemos crecido y aprendido, y de que seguimos aquí, más fuertes y más completos.

Abrazar la imperfección es otro pilar fundamental del *kint-sugi*. Este arte nos invita a mirar nuestras «grietas» con una nueva lente, no como aspectos que debemos corregir o esconder, sino como oportunidades para el crecimiento y la transformación. Identifica una parte de ti mismo que consideres imperfecta y, en lugar de intentar cambiarla, pregúntate cómo esa imperfección ha contribuido a tu desarrollo personal. Tal vez te ha enseñado a ser más empático, a valorar más lo que tienes o a desarrollar una fortaleza interior que de otro modo no habrías descubierto. El *kint-sugi* nos anima a celebrar estas imperfecciones, reconociendo que son precisamente estas áreas de nuestra vida las que nos brindan las mayores oportunidades para aprender y evolucionar.

El concepto de encontrar belleza en lo roto se extiende más allá de nosotros mismos y alcanza las situaciones difíciles que enfrentamos. Enfrentar una pérdida, un fracaso o un desafío puede parecer devastador en el momento, pero el espíritu del *kintsugi* nos recuerda que dentro de cada fractura hay una semilla de transformación. Cada experiencia dolorosa lleva consigo el potencial de convertirnos en seres más completos y compasivos, si tan solo podemos ver la belleza en el proceso de sanación. Al adoptar esta perspectiva, nos liberamos de la necesidad de alcanzar una perfección inalcanzable y, en su lugar, comenzamos a ver la vida como un proceso continuo de reparación y crecimiento.

Finalmente, el *kintsugi* también nos enseña la importancia de practicar la compasión hacia nosotros mismos y hacia los demás. Al igual que aprendemos a valorar nuestras propias cicatrices, también debemos aprender a reconocer y honrar las cicatrices de los demás. Cada persona que encontramos lleva consigo su propio conjunto de reparaciones y transformaciones. Al practicar la compasión y el entendimiento, no solo nos conectamos más profundamente con los demás, sino que también contribuimos a un mundo más solidario y empático. La práctica del *kintsugi*, tanto en nuestra vida personal como en nuestras relaciones, nos invita a ver el valor en cada ser humano, reconociendo que todos estamos en un viaje de sanación y crecimiento.

LLAMADO A LA ACCIÓN

Te invito a integrar el espíritu del *kintsugi* en tu vida diaria, no solo como una metáfora, sino como una práctica activa de autoaceptación y sanación. Comienza por aceptar y apreciar tus propias cicatrices. No las escondas, no las minimices. En su lugar, lleva un diario donde registres tus experiencias de sanación, las lecciones que has aprendido y cómo estas han contribuido a tu crecimiento personal. Este acto de escritura no solo te permitirá reflexionar profundamente sobre tu camino, sino que también te ayudará a ver la belleza en tus imperfecciones y en tu proceso de reparación.

Otra práctica poderosa es la meditación sobre la autoaceptación y la resiliencia. Dedica unos minutos cada día para centrarte en tus cicatrices, en cómo te han fortalecido y en cómo puedes abrazarlas en lugar de rechazarlas. Permite que estos momentos de introspección te ayuden a aceptar plenamente tu historia, reconociendo que cada cicatriz es un testimonio de tu capacidad para superar y prosperar. A través de la meditación, puedes cultivar una profunda paz interior, basada en la aceptación total de ti mismo, tal como eres.

Comparte tu viaje con los demás. Habla abiertamente sobre cómo el *kintsugi* ha influido en tu vida y escucha las experiencias de quienes te rodean. Al compartir tus propias historias de sanación y transformación, no solo estás sanando a nivel personal, sino que también estás ayudando a crear una comunidad donde todos podemos aprender a ver la belleza en nuestras cicatrices. Juntos, podemos construir un entorno de apoyo mutuo, donde la autoaceptación, la compasión y la resiliencia sean los cimientos de nuestras interacciones.

El espíritu del *kintsugi* nos recuerda que nuestras cicatrices no nos debilitan; al contrario, nos hacen más fuertes y más hermosos. Que estas reflexiones y acciones te inspiren a vivir con más autoaceptación, compasión y alegría en tu camino de sanación y crecimiento. Cada grieta en nuestra vida, cada error y cada desafío son oportunidades para aprender y crecer. Al igual que el cuenco reparado con oro, nuestras vidas pueden convertirse en obras de arte únicas y valiosas, llenas de historia y significado. Al adoptar la filosofía del *kintsugi*, podemos encontrar belleza y fortaleza en nuestras propias cicatrices y aprender a vivir con mayor plenitud y autenticidad.

Cuando observo piezas intervenidas con *kintsugi*, me doy cuenta de que, al igual que esos objetos, yo también estoy en un continuo proceso de reparación y transformación, aprendiendo a aceptar y valorar mis cicatrices, porque en definitiva son parte esencial de mi ser. Que esta filosofía te guíe a través de tus propias reparaciones, ayudándote a encontrar paz en tu proceso de sanación y a celebrar la belleza que emerge de tu resiliencia.

«Hazlo lo mejor que puedas hasta que sepas más. Cuando sepas más, hazlo mejor».

-Mary Angelou-

思いやり

OMOIYARI
El don de la empatía

Para los japoneses son fundamentales los valores de cortesía, respeto y armonía social. Uno de los conceptos más significativos que encapsula estos valores es *omoiyari* (思いやり), que se traduce como «consideración» o «empatía».

Cuando mi familia y yo llegamos a Japón, nos encontramos en un país desconocido, enfrentándonos a un nuevo idioma y una cultura diferente. Nuestro nuevo hogar era un pequeño apartamento en las afueras de Hiratsuka, no tenía muebles ni los electrodomésticos básicos que necesitábamos. Nos sentíamos abrumados y un poco perdidos, recuerdo que nuestra primera comida la preparamos con una estufa, ya que todavía no teníamos cocina.

La primera mañana, mientras intentábamos desempacar nuestras pocas pertenencias, escuchamos un suave golpe en la puerta. Al abrir, encontramos a una vecina mayor, la señora Takeda, sonriéndonos amablemente. Sin decir una palabra, entró con una caja de alimentos básicos: arroz, vegetales frescos y algunos dulces tradicionales. «Bienvenidos a Japón», dijo con una inclinación de cabeza.

Esa misma tarde, otros vecinos comenzaron a llegar, cada uno con algo para ofrecer. La familia Sato trajo una mesa y dos sillas, perfectas para nuestro pequeño comedor. El señor Naka-mura, un hombre de mediana edad con una mirada cálida, nos sorprendió con un microondas y una tetera eléctrica. La señora Takeda, con su energía inagotable, nos ayudó a limpiar y organizar el apartamento.

Cada gesto, cada objeto que nos entregaban, llevaba consigo una carga de consideración y empatía. No eran simples objetos, sino manifestaciones de *omoiyari*, esa profunda empatía y consideración por los demás que caracteriza a la cultura japonesa.

Esa primera semana, gracias a la generosidad de nuestros vecinos, nuestro apartamento pasó de ser un espacio vacío a convertirse en un verdadero hogar. Sentimos, desde el primer día, que no estábamos solos en esta nueva etapa de nuestras vidas.

ORÍGENES Y SIGNIFICADO DE *OMOIYARI*

Definición de *omoiyari*

Omoiyari es una combinación de los *kanji* 思 (*omo*), que significa «pensar» o «considerar», y いやり (*iyari*), que denota «sentimiento» o «compasión». Juntos, estos caracteres forman una palabra que abarca una empatía profunda y la consideración por los demás. *Omoiyari* va más allá de la simple cortesía; implica una comprensión intuitiva de los sentimientos y necesidades de los demás y la voluntad de actuar en consecuencia.

Raíces culturales

La importancia de *omoiyari* en la cultura japonesa está profundamente conectada con los principios del budismo y el confucianismo, que enfatizan la interdependencia, la compasión y el respeto mutuo. Estas enseñanzas han moldeado la sociedad japonesa, promoviendo una cultura donde la armonía social y la consideración por los demás son fundamentales.

OMOIYARI EN LA VIDA COTIDIANA

En el entorno laboral

En el lugar de trabajo japonés, *omoiyari* se manifiesta en múltiples formas. Los empleados suelen anticipar las necesidades de sus colegas y superiores, mostrando consideración en sus acciones y comunicaciones. Por ejemplo, es común que los empleados trabajen horas extras sin que se les pida, para no poner en desventaja a sus compañeros. Además, las reuniones y comunicaciones se manejan con una alta dosis de respeto y cortesía, asegurando que todos se sientan valorados y comprendidos.

Algunos ejemplos en el trabajo son:

- Anticipar necesidades: un colega que nota que otro está abrumado y ofrece ayuda sin esperar a ser solicitado.
- Comunicación respetuosa: en las reuniones, se espera el turno para hablar y se escucha atentamente a cada participante, fomentando así un ambiente de respeto y de colaboración.
- Gestos sutiles: traer café o té para los compañeros, especialmente durante largas jornadas de trabajo, muestra una consideración que va más allá de las palabras.

En las relaciones interpersonales

Omoiyari juega un papel crucial en las relaciones personales, desde la familia hasta las amistades y las interacciones con extraños. Los japoneses son conocidos por su atención a los detalles y su disposición a ayudar sin esperar nada a cambio. Esto puede verse en actos cotidianos, como ceder el asiento en el transporte público, ayudar a alguien con una carga pesada, o incluso en la forma en que se envuelven los regalos con esmero.

Algunos ejemplos en la vida diaria son:

- Ceder el asiento: en el transporte público, es común ver a personas jóvenes cediendo sus asientos a los ancianos o a personas con discapacidad.
- Ayuda espontánea: ofrecer ayuda a un turista perdido o a alguien que necesita dirección sin esperar nada a cambio.
- Detalles en los regalos: los regalos se envuelven con cuidado, mostrando el tiempo y esfuerzo dedicados a considerar al receptor.

En la educación

Desde una edad temprana, a los niños japoneses se les enseña la importancia de *omoiyari*. En las escuelas, se enfatiza la necesidad de trabajar juntos y considerar los sentimientos de los demás. Los niños aprenden a ser atentos y a cooperar, lo que refuerza la importancia de la empatía y la consideración en su desarrollo personal y social.

IMPACTO DE *OMOIYARI* EN LA SOCIEDAD JAPONESA

Creación de armonía social

Omoiyari contribuye significativamente a la creación y el mantenimiento de la armonía social en Japón. La consideración mutua y la empatía fomentan un ambiente de cooperación y respeto, lo que reduce los conflictos y promueve relaciones más fuertes y positivas.

Fortalecimiento de las relaciones

Las relaciones basadas en *omoiyari* tienden a ser más fuertes y duraderas. La disposición a entender y satisfacer las necesidades de los demás crea un vínculo de confianza y respeto, lo que resulta en relaciones más satisfactorias y resilientes.

Resiliencia comunitaria

En tiempos de crisis, *omoiyari* se convierte en una fuerza unificadora. La empatía y el apoyo mutuo ayudan a las comunidades a enfrentar y superar desafíos juntos. La respuesta del pueblo japonés a desastres naturales, como terremotos y tsunamis, es un claro ejemplo de cómo *omoiyari* fortalece la resiliencia y la cohesión comunitaria.

OMOIYARI Y SALUD MENTAL

Beneficios para el individuo

Practicar *omoiyari* no solo beneficia a la comunidad, sino también al individuo. Actuar con empatía y consideración puede mejorar la salud mental y el bienestar, creando un sentido de propósito y satisfacción personal. La conexión emocional con los demás y el sentimiento de contribuir positivamente a sus vidas pueden generar una mayor autoestima y felicidad.

Equilibrio y autocuidado

Aunque *omoiyari* es un valor positivo, es importante mantener un equilibrio. El excesivo autosacrificio puede llevar al agotamiento y al estrés. Por ello, es fundamental que la práctica de *omoiyari* incluya también la consideración hacia uno mismo, asegurando que la empatía y la compasión se extiendan tanto a los demás como a cada uno de nosotros.

REFLEXIONES FINALES

Omoiyari no es solo un concepto de la cultura japonesa; es una filosofía de vida que tiene el poder de transformar profundamente la manera en que interactuamos con los demás y con nosotros mismos. Este valor nos enseña a mirar más allá de las apariencias, a escuchar con el corazón y a ser conscientes de la realidad emocional de quienes nos rodean. En un mundo donde las distracciones abundan y el ritmo acelerado de la vida moderna a menudo nos deja poco espacio para la reflexión, *omoiyari* nos invita a pausar, a observar y a conectar con una profundidad que rara vez exploramos.

Piénsalo por un momento: ¿cuántas veces te has detenido a considerar cómo se siente realmente la otra persona en una conversación? ¿Con qué frecuencia has reflexionado sobre el impacto de tus palabras y acciones en quienes te rodean? *Omoiyari* nos desafía a vivir con una mayor consciencia de esos momentos, reconociendo que cada interacción es una oportunidad para mostrar empatía y construir relaciones más significativas.

Pero la práctica de *omoiyari* no se limita a los demás; comienza con nosotros mismos. Vivimos en una sociedad que nos impulsa constantemente hacia la perfección, donde la autoexigencia y la crítica interna pueden volverse implacables. Sin embargo, *omoiyari* nos recuerda que merecemos la misma empatía y consideración que ofrecemos a los demás. La manera en que nos hablamos a nosotros mismos importa. Imagina si pudieras reemplazar esas voces críticas con palabras de aliento, apoyo y compasión. ¿Cómo cambiaría tu vida? ¿Cómo se transformarían tus relaciones si te trataras con la misma amabilidad que muestras a los demás? En mis conferencias siempre digo que, si tu mejor amigo te tratara como a veces te tratas a ti mismo, dejaría de serlo, porque no le permitirías que sea tan duro, tan crítico y tan poco compasivo.

Reflexiona también sobre los momentos en que has mostrado empatía y cómo esos actos han resonado no solo en las personas a las que ayudaste, sino también en tu propio bienestar. La empatía tiene un efecto multiplicador: cuanto más la practicas, más crece, afectando positivamente tanto a quienes la reciben como a quienes la ofrecen. En este sentido, *omoiyari* no es solo un acto de bondad; es una inversión en la creación de un mundo más armonioso y en la construcción de una vida más rica en conexiones genuinas y significativas.

LLAMADO A LA ACCIÓN

Te invito a abrazar *omoiyari* no solo como una idea, sino como un compromiso diario. Haz de la empatía una práctica consciente y deliberada en cada aspecto de tu vida. Comienza por buscar activamente oportunidades para mostrar consideración y comprensión en tus interacciones cotidianas. No subestimes el poder de los pequeños gestos: un mensaje de apoyo, una sonrisa sincera o, simplemente, estar presente para alguien en un momento de necesidad puede tener un impacto que va más allá de lo que imaginas.

Lleva un diario de empatía, donde puedas registrar estos actos y reflexionar sobre sus efectos. Al documentar estas experiencias, no solo mantendrás un registro de tus esfuerzos, sino que también te darás cuenta de cómo estos pequeños actos comienzan a cambiar tu perspectiva y a enriquecer tus relaciones. Este hábito te permitirá cultivar una mayor consciencia de las necesidades emocionales de los demás y te incentivará a seguir practicando *omoiyari* en tu vida diaria.

Además, te animo a explorar la meditación de la empatía como una herramienta poderosa para profundizar tu comprensión y conexión con los demás. Dedica tiempo cada día para visualizarte en el lugar de otra persona, sintiendo sus emociones y comprendiendo sus desafíos. Esta práctica no solo fortalecerá tu capacidad para empatizar, sino que también te ayudará a desarrollar una compasión más profunda y auténtica. Con el tiempo, notarás cómo este ejercicio amplía tu capacidad para responder con amabilidad y comprensión, incluso en situaciones difíciles.

Recuerda, *omoiyari* no es un destino, sino un viaje continuo. Es una decisión diaria de elegir la empatía sobre la indiferencia, la conexión sobre el aislamiento y la compasión sobre la crítica. Al integrar este valor en tu vida, te convertirás en un agente de cambio, alguien que inspira a otros a vivir con más amor, respeto y humanidad. Que el espíritu de *omoiyari* te guíe en cada paso y que tus acciones sean un reflejo de la empatía que deseas ver en el mundo.

Comienza hoy, no mañana. Encuentra una oportunidad, por pequeña que sea, para practicar *omoiyari* y observa cómo ese simple acto puede iluminar no solo el día de alguien más, sino también el tuyo. Tu capacidad para hacer una diferencia está en tus manos, comenzando con entrenar tu conversación interna, haciéndola más amable, amorosa y compasiva. Con cada acto de empatía, te acercas un poco más a la creación de un mundo donde la bondad y la comprensión son la norma, y no la excepción. La empatía es la medicina que el mundo necesita.

結い丸

YUI MARU
La ayuda mutua

Esta es una noción originaria de Okinawa, que encapsula la idea de ayuda mutua y colaboración comunitaria. Este capítulo explora el significado de *yui maru*, sus raíces culturales y su impacto en la vida diaria y las relaciones sociales en Japón.

ORÍGENES Y WIGNIFICADO DE *YUI MARU*

Definición de *yui maru*

Yui maru es una combinación de dos palabras: *yui* (結い), que significa «unir» o «vincular», y *maru* (丸), que se traduce como «círculo» o «completitud». Juntas, estas palabras forman una expresión que denota la cooperación y la solidaridad dentro de una comunidad. *Yui maru* implica una red de apoyo mutuo donde las personas se ayudan entre sí, compartiendo recursos y esfuerzos para el bienestar común.

Raíces culturales

El concepto de *yui maru* tiene profundas raíces en las tradiciones agrícolas y rurales de Okinawa, donde la supervivencia y el éxito dependían de la cooperación y la ayuda mutua. Las comunidades trabajaban juntas en tareas agrícolas, construcciones y celebraciones, creando fuertes lazos de interdependencia y apoyo. Esta práctica tradicional sigue viva en la cultura moderna de Okinawa y se ha extendido a otras áreas de Japón, reflejando los valores de armonía y solidaridad.

YUI MARU EN LA VIDA COTIDIANA

En el entorno laboral

En el lugar de trabajo japonés, *yui maru* se manifiesta a través de la colaboración y el trabajo en equipo. Los empleados suelen compartir responsabilidades y ayudarse mutuamente para alcanzar objetivos comunes. Este espíritu de cooperación crea un ambiente laboral armonioso y eficiente, donde el éxito de uno se considera el éxito de todos. Algunos ejemplos son:

- Compartir conocimientos: los empleados más experimentados dedican tiempo a formar a los nuevos, asegurando que todos tengan las habilidades necesarias para contribuir al éxito del equipo.
- Trabajo en equipo: en proyectos importantes, los equipos trabajan juntos, superando desafíos colectivos y celebrando los logros como un grupo unido.
- Apoyo en tiempos difíciles: durante periodos de alta demanda, los compañeros de trabajo se apoyan mutuamente, redistribuyendo tareas para evitar el agotamiento y mantener el bienestar general.

En las comunidades

Yui maru se da especialmente en las comunidades locales de Okinawa, donde las personas se unen para realizar tareas que benefician a todos. Esto incluye actividades como la construcción de viviendas, la cosecha de cultivos y la organización de festivales. La ayuda mutua no solo facilita la realización de tareas, sino que también fortalece los lazos sociales y el sentido de pertenencia. Algunos ejemplos son:

- Proyectos comunitarios: vecinos que se reúnen para limpiar parques, reparar caminos y organizar eventos locales, creando un ambiente más agradable y cohesionado.

- Apoyo en desastres: durante desastres naturales, como tifones o terremotos, los miembros de la comunidad se movilizan rápidamente para ofrecer refugio, alimentos y asistencia a los afectados.

- Cuidado de los ancianos: vecinos jóvenes se encargan de ayudar a los ancianos con tareas diarias, como hacer la compra o llevarlos a citas médicas, asegurando que todos los miembros de la comunidad estén cuidados.

En la vida familiar

Dentro de las familias japonesas, *yui maru* se refleja en la cooperación y el apoyo mutuo entre los miembros. Las familias suelen trabajar juntas en las tareas del hogar y en la crianza de los hijos, promoviendo un ambiente de unidad y colaboración. Este valor de ayuda mutua se inculca desde una edad temprana, fomentando la responsabilidad y la empatía. Algunos ejemplos son:

- Tareas domésticas compartidas: todos los miembros de la familia, desde los más jóvenes hasta los mayores, participan en las tareas del hogar, creando un sentido de responsabilidad compartida.

- Crianza de los hijos: padres y abuelos colaboran en la educación y el cuidado de los niños, asegurando que reciban amor y atención constante.

- Apoyo emocional: las familias se reúnen regularmente para discutir problemas y apoyarse emocionalmente, creando un entorno de comprensión y solidaridad.

IMPACTO DE *YUI MARU* EN LA SOCIEDAD JAPONESA

Fortalecimiento de la cohesión social

Yui maru contribuye significativamente a la cohesión social, creando comunidades unidas y resilientes. La práctica de la ayuda mutua y la cooperación fomenta relaciones de confianza y solidaridad, reduciendo la individualidad y promoviendo el bienestar común.

Resiliencia comunitaria

En tiempos de crisis, como desastres naturales o dificultades económicas, el espíritu de *yui maru* se convierte en una fuente crucial de resiliencia. Las comunidades que practican *yui maru* pueden movilizar rápidamente recursos y apoyo, trabajando juntas para superar desafíos y reconstruir.

PROMOCIÓN DE LA IGUALDAD Y LA INCLUSIÓN

Yui maru también promueve la igualdad y la inclusión, asegurando que todos los miembros de la comunidad, independientemente de su edad, género o estatus social, reciban apoyo y contribuyan al bienestar colectivo. Esta práctica fomenta un sentido de pertenencia y valor para cada individuo, fortaleciendo la cohesión social.

YUI MARU Y LA MODERNIDAD

Adaptación a la vida urbana

Aunque *yui maru* tiene sus raíces en las comunidades rurales de Okinawa, sus principios se han adaptado a la vida urbana moderna. En las ciudades japonesas, las personas encuentran formas de ayudarse mutuamente a través de redes de vecinos, asociaciones comunitarias y organizaciones de voluntariado, manteniendo vivo el espíritu de cooperación y solidaridad en entornos más complejos.

Tecnología y *yui maru*

La tecnología también ha jugado un papel en la evolución de *yui maru*, facilitando la comunicación y la coordinación entre los miembros de la comunidad. Las plataformas en línea y las redes sociales permiten a las personas organizarse y compartir recursos de manera más eficiente, expandiendo el alcance de la ayuda mutua y fortaleciendo las conexiones comunitarias.

Ejemplos de *yui maru* moderno

- Grupos de ayuda en línea: comunidades que utilizan aplicaciones y redes sociales para organizar ayuda y recursos en tiempos de necesidad.
- Plataformas de voluntariado: sitios web y aplicaciones que conectan a voluntarios con proyectos comunitarios, facilitando la participación y el apoyo mutuo.

- Redes de vecinos: grupos de mensajería instantánea entre vecinos que permiten una rápida coordinación para resolver problemas locales y ofrecer ayuda.

REFLEXIONES FINALES

Yui maru, en su esencia más pura, representa la interconexión y el apoyo mutuo que son fundamentales para el bienestar de una comunidad. En una sociedad cada vez más fragmentada por las demandas del individualismo y la tecnología, el concepto de *yui maru* emerge como un recordatorio vital de que no estamos solos y que nuestra fortaleza reside en la colectividad. En un mundo que a menudo nos impulsa hacia la autosuficiencia y la competencia, *yui maru* nos invita a redescubrir el poder transformador de la cooperación y la solidaridad.

Imagina por un momento cómo sería tu vida si en cada desafío, por pequeño o grande que sea, supieras que puedes contar con el apoyo incondicional de tu comunidad. Piensa en las veces que has sentido el calor de una mano amiga, el consuelo de una palabra oportuna o el simple acto de alguien que te escucha sin juzgar. Estos momentos no son solo actos de bondad; son manifestaciones tangibles de *yui maru* en acción, demostraciones de que nuestras vidas están intrínsecamente conectadas y de que el bienestar de uno es el bienestar de todos.

El principio de *yui maru* nos invita a reflexionar sobre nuestras conexiones con los demás, a considerar cómo nuestras acciones y decisiones impactan no solo en nuestra vida, sino en las vidas de aquellos que nos rodean. Es un recordatorio de que cada uno de nosotros tiene un papel que desempeñar en la creación y el mantenimiento de un tejido social fuerte y resiliente. Este tejido se fortalece con cada acto de cooperación, con cada gesto de solidaridad y con cada esfuerzo por comprender y apoyar a los demás.

Pero *yui maru* no se detiene en la mera cooperación; nos desafía a ser proactivos en la construcción de lazos comunitarios. Nos recuerda que no debemos esperar a que las crisis o las necesidades nos obliguen a unirnos, sino que debemos cultivar estos lazos constantemente, incluso en tiempos de paz y prosperidad. Es en estos momentos cuando podemos construir las bases más sólidas para una comunidad verdaderamente unida.

Además, *yui maru* nos insta a practicar la gratitud no solo por lo que recibimos, sino por lo que podemos ofrecer. Es fácil caer en la trampa de pensar que nuestras acciones individuales son insignificantes, pero cada pequeño acto de bondad y generosidad contribuye a un mosaico más grande de apoyo y colaboración. La gratitud comunitaria no es solo un reconocimiento de lo que los demás han hecho por nosotros; es también un reconocimiento de nuestro propio poder para hacer una diferencia positiva en la vida de los demás.

LLAMADO A LA ACCIÓN

Ahora, más que nunca, es el momento de integrar *yui maru* en nuestra vida cotidiana con una intención clara y un compromiso renovado. No se trata solo de esperar a que surjan oportunidades para ayudar, sino de buscarlas activamente, de ser el cambio que deseamos ver en nuestra comunidad.

Empieza por identificar un área específica en tu comunidad donde puedas hacer una contribución significativa. Tal vez haya un vecino que necesite ayuda con tareas diarias, una familia que esté pasando por un momento difícil o un proyecto comunitario que necesite voluntarios. No subestimes el poder de un pequeño gesto; lo que para ti puede parecer insignificante para otra persona, en cambio, puede ser un acto de profundo impacto.

Lleva un diario de tu viaje con *yui maru*, anotando no solo las acciones que realizas, sino también las reflexiones que estas inspiran. Este diario no solo será un registro de tus esfuerzos, sino una herramienta para profundizar tu comprensión de cómo tu vida se entrelaza con la de los demás. Reflexiona sobre cómo cada acto de cooperación fortalece tu comunidad y sobre cómo te hace sentir más conectado y realizado.

Además, considera la posibilidad de involucrarte en actividades comunitarias que promuevan la solidaridad y el apoyo mutuo. Únete a grupos de voluntariado, participa en iniciativas locales o, incluso, organiza tus propios eventos comunitarios. Estas actividades no solo fortalecerán la cohesión social, sino que también te proporcionarán un sentido más profundo de pertenencia y propósito.

Comparte tus experiencias con los demás. Habla sobre cómo la práctica de *yui maru* ha influido en tu vida y escucha las historias de aquellos que te rodean. Al compartir y escuchar, creamos un ciclo de aprendizaje y apoyo mutuo que refuerza aún más los lazos comunitarios. Esta red de conexiones y experiencias compartidas es lo que verdaderamente da vida a *yui maru*.

Recuerda que el espíritu de *yui maru* no es algo que se logra de la noche a la mañana; es un compromiso continuo con la cooperación y el apoyo mutuo. Cada día, cada acción, cada conversación es una oportunidad para fortalecer el tejido social y para vivir los valores de *yui maru* de una manera que inspire a otros. Tu capacidad para hacer una diferencia en la vida de los demás está a tu alcance, y con cada acto de solidaridad no solo fortaleces tu comunidad, sino que también creas un legado de bondad y cooperación que perdurará mucho después de que el acto en sí haya sido olvidado.

Así que no esperes más. Comienza hoy, con un corazón lleno de gratitud y un espíritu dispuesto a servir. Busca activamente maneras de practicar *yui maru* y observa cómo, poco a poco, tu comunidad se convierte en un lugar más unido, más fuerte y más lleno de esperanza. Juntos, podemos crear un mundo donde la cooperación y la solidaridad sean la norma, un mundo donde todos nos sintamos apoyados y valorados.

生き甲斐

IKIGAI

El propósito de una vida plena

En el corazón de la cultura japonesa, existe un concepto que ha capturado la atención del mundo por su profunda simplicidad y capacidad de dar sentido a la vida: *ikigai* (生き甲斐). Traducido aproximadamente como «la razón de ser» o «la razón para levantarse cada mañana», *ikigai* es una noción que abarca la satisfacción personal, el propósito y la alegría de vivir. Este capítulo explora el significado de *ikigai*, sus raíces culturales, su impacto en la vida cotidiana, la felicidad personal en Japón y la conexión científica con la longevidad y el bienestar.

ORÍGENES Y SIGNIFICADO DE *IKIGAI*

Definición de *ikigai*

Ikigai es una combinación de dos palabras japonesas: *iki* (生き), que significa «vida», y *gai* (甲斐), que se refiere a «valor» o «merecimiento». Juntas, estas palabras forman una expresión que se refiere a aquello que le da valor y propósito a la vida. El *ikigai* de una persona puede ser su trabajo, su familia, una pasión o una combinación de varios factores que le proporcionan satisfacción y sentido.

Encontrar tu *ikigai* es, en esencia, descubrir ese punto de intersección entre lo que amas, en lo que eres bueno, lo que el mundo necesita y por lo que puedes ser recompensado. Este equilibrio, aunque difícil de alcanzar, es el que proporciona una vida plena y significativa.

Raíces culturales

La noción de *ikigai* está profundamente entrelazada con la filosofía y la cultura japonesas, que valoran la armonía, el equilibrio y el propósito. Las enseñanzas del budismo y el sintoísmo, que enfatizan la importancia de vivir en armonía con uno mismo y con el mundo natural, han influido en la comprensión y la práctica del *ikigai*. Además, las tradiciones japonesas de maestría en el arte y el oficio, así como el enfoque en el servicio a los demás, reflejan la búsqueda de un propósito significativo.

IKIGAI EN LA VIDA COTIDIANA

En el trabajo

Para muchos japoneses, el trabajo es una parte esencial del *ikigai*. El concepto de *shokunin* (職人), que se refiere a un artesano o maestro en su oficio, ilustra cómo la dedicación y la excelencia en el trabajo pueden proporcionar un profundo sentido de propósito. El trabajo, en este contexto, no es solo una fuente de ingresos, sino una vía para la realización personal y la contribución al bienestar de la comunidad.

En la familia y las relaciones

La familia y las relaciones personales también son fundamentales para el *ikigai*. El amor y el apoyo de la familia, así como las conexiones significativas con amigos y la comunidad, pueden ser fuentes importantes de felicidad y propósito. En Japón, la interdependencia y el respeto mutuo son valores profundamente arraigados, y estos principios se reflejan en la forma en que las personas buscan y encuentran su *ikigai* en la interacción con los demás.

En las pasiones y *hobbies*

Las pasiones y los *hobbies* desempeñan un papel crucial en el *ikigai*. Ya sea a través de actividades artísticas, deportivas o intelectuales, las personas encuentran alegría y satisfacción en la práctica de aquello que aman. La noción de *mono no aware* (物の哀れ), que se refiere a la apreciación de la belleza efímera de la vida, fomenta una mayor apreciación y disfrute de las pequeñas cosas cotidianas que contribuyen al *ikigai*.

IMPACTO DE *IKIGAI* EN LA SOCIEDAD JAPONESA

Bienestar y longevidad

El *ikigai* se ha asociado con el bienestar y la longevidad, especialmente en regiones como Okinawa, conocida por la larga vida de sus habitantes. Estudios científicos han demostrado que tener un propósito en la vida está correlacionado con una mejor salud mental y física. En Okinawa, donde la gente tiene uno de los índices de longevidad más altos del mundo, la comunidad practica un estilo de vida que integra la actividad física regular, una dieta saludable y, crucialmente, un sentido de propósito que los mantiene activos y comprometidos hasta una edad avanzada. Las investigaciones indican que las personas que encuentran un propósito claro y significativo en sus vidas tienen menos probabilidades de sufrir enfermedades cardíacas y deterioro cognitivo, y tienen sistemas inmunológicos más fuertes. Este propósito les proporciona una razón para mantenerse activos, tanto mental como físicamente, lo que contribuye a una vida más larga y saludable.

Resiliencia y adaptabilidad

El *ikigai* también fomenta la resiliencia y la adaptabilidad. Tener un propósito claro y significativo puede ayudar a las personas a enfrentar desafíos y adversidades con una actitud positiva y determinada. En tiempos de dificultad, el *ikigai* actúa como una fuente de motivación y fuerza interior, proporcionando un sentido de dirección y esperanza.

IKIGAI Y LA MODERNIDAD

Adaptación en un mundo cambiante

En un mundo moderno y globalizado, el concepto de *ikigai* sigue siendo relevante y adaptable. La búsqueda de propósito y significado se ha convertido en una preocupación universal, y muchas personas en todo el mundo están adoptando los principios de *ikigai* para mejorar su bienestar y felicidad. Las empresas y organizaciones también están reconociendo la importancia de ayudar a sus empleados a encontrar su *ikigai*, promoviendo un entorno laboral más positivo y productivo.

Tecnología y el *ikigai*

La tecnología ha abierto nuevas oportunidades para explorar y desarrollar el *ikigai*. Plataformas en línea y redes sociales permiten a las personas conectar con otras que comparten sus intereses y pasiones, ampliando su sentido de comunidad y apoyo. Además, la tecnología facilita el acceso a recursos y conocimientos que pueden ayudar a las personas a descubrir y perseguir sus propósitos.

REFLEXIONES FINALES

El concepto de *ikigai*, profundamente enraizado en la cultura japonesa, nos ofrece una puerta hacia una vida llena de significado, propósito y satisfacción. No se trata simplemente de encontrar una razón para levantarse cada mañana, sino de descubrir un sentido profundo que nos impulsa a vivir con pasión y determinación. El *ikigai* es una invitación a explorar lo que realmente amamos, lo que hacemos bien, lo que el mundo necesita y aquello por lo que podemos ser recompensados. Esta intersección mágica no solo da forma a nuestras acciones diarias, sino que también nutre nuestra alma y nos conecta con el propósito más elevado de nuestra existencia.

A lo largo de este capítulo, hemos buceado en la esencia del *ikigai*, esa chispa interna que ilumina nuestros días y da sentido a nuestras luchas. Es un viaje personal que nos desafía a mirar más allá de lo superficial y a conectar con lo que realmente importa. A veces, este viaje nos lleva por caminos inesperados, donde descubrimos habilidades ocultas, pasiones olvidadas y un sentido renovado de quiénes somos. El *ikigai* nos recuerda que la vida no es solo cumplir con las expectativas de los demás, sino abrazar aquello que realmente nos mueve.

Es posible que, en algún momento, te hayas sentido perdido, sin una brújula que te guíe. Es natural. El camino hacia el *ikigai* no es lineal ni está exento de obstáculos. Es un proceso lleno de exploración, autodescubrimiento y, a menudo, de incertidumbre. Pero es precisamente en esos momentos de duda cuando se siembran las semillas de nuestro propósito. Cada reto o cada desvío es una oportunidad para afinar nuestra comprensión de lo que realmente valoramos en la vida.

El *ikigai* es también una invitación a la autenticidad. Nos pide que seamos honestos con nosotros mismos, que escuchemos nuestra voz interior y que sigamos el camino que nos hace sentir vivos, aunque ese camino sea diferente al de los demás. Vivir en sintonía con nuestro *ikigai* es, en última instancia, un acto de valentía. Es atrevernos a ser quienes realmente somos, sin máscaras ni excusas, y a vivir con una convicción que trasciende las expectativas externas.

En la cultura japonesa, el *ikigai* no es simplemente un concepto filosófico, sino una forma de vida. Es la razón por la que las personas en Okinawa, una de las regiones más longevas del mundo, se levantan cada mañana con una sonrisa y un corazón lleno de gratitud. Han encontrado su *ikigai*, esa razón profunda para vivir, y lo han convertido en el centro de su existencia. Este ejemplo nos muestra que, cuando vivimos alineados con nuestro propósito, no solo mejoramos nuestra propia vida, sino que también irradiamos positividad y energía a quienes nos rodean.

LLAMADO A LA ACCIÓN

Ahora que has reflexionado sobre la profundidad y el poder del *ikigai*, es el momento de actuar. El conocimiento sin acción es como una semilla sin tierra: no puede crecer ni florecer. Para que el *ikigai* realmente transforme tu vida, debes integrarlo en cada aspecto de tu día a día, convirtiendo cada pequeño gesto, cada decisión, en una expresión de tu propósito más profundo.

- Dedica tiempo a la reflexión personal: haz de la introspección un hábito diario. No necesitas horas de meditación; a veces, unos minutos de silencio al comienzo o al final del día son suficientes para reconectar con tus verdaderos deseos y anhelos. Pregúntate qué es lo que realmente amas hacer, qué actividades te hacen sentir en paz y qué te llena de energía. Este proceso de autoexploración es fundamental para descubrir y nutrir tu *ikigai*.

- Explora nuevas actividades con corazón abierto: no temas adentrarte en lo desconocido. Muchas veces, nuestro *ikigai* se revela en lugares inesperados, en actividades que nunca habríamos considerado si no hubiéramos salido de nuestra zona de confort. Participa en talleres, toma clases que despierten tu curiosidad o involúcrate en proyectos que resuenen con tus valores. Cada nueva experiencia es una oportunidad para descubrir una faceta más de tu propósito.

- Conecta profundamente con otras personas: el *ikigai* no es solo un viaje solitario; es también una experiencia comunitaria. Busca compartir tus intereses y pasiones con los demás, y rodearte de personas que estén en su propio camino hacia el *ikigai*. Escuchar sus historias, aprender de sus experiencias y ser inspirado por su determinación puede ser una fuente invaluable de motivación y apoyo. La conexión humana es uno de los pilares fundamentales del *ikigai*.

- Establece metas que resuenen con tu propósito: es importante que las metas que te propongas estén alineadas con tu ikigai. Estos objetivos no tienen que ser grandiosos; incluso los pasos pequeños cuentan cuando se trata de vivir en sintonía con tu propósito. Establecer metas alcanzables y celebrarlas te permitirá mantener la motivación y avanzar de manera constante hacia una vida más plena.

- Sé compasivo contigo mismo durante el proceso: no olvides que el camino hacia el *ikigai* es un viaje lleno de aprendizajes y, a veces, de desafíos. Es fácil sentirse frustrado cuando las cosas no van como planeamos, pero es crucial recordar que cada obstáculo es una oportunidad para crecer y fortalecer nuestro propósito. La autocompasión es clave para mantener la perseverancia y la paz interior en este proceso.

Motivación para el cambio

El *ikigai* es mucho más que una teoría; es una fuerza poderosa capaz de transformar tu vida en una experiencia rica y significativa. No se trata de grandes cambios drásticos, sino de pequeñas acciones diarias que, acumuladas, tienen el poder de reorientar tu vida hacia un camino lleno de propósito y satisfacción. Cada día es una nueva oportunidad para acercarte más a tu *ikigai*, para hacer de tu vida una obra de arte que refleje tu verdadero yo.

Imagínate despertando cada mañana con un propósito claro, sabiendo que lo que haces tiene un significado profundo. Cada paso que das o cada decisión que tomas te lleva más cerca de una vida en la que te sientes completamente realizado y en paz. Esta es la promesa del *ikigai*, y es algo que está al alcance de todos nosotros, si estamos dispuestos a buscarlo y a vivirlo con intención.

No dejes que la vida pase sin descubrir y vivir tu *ikigai*. La búsqueda en sí misma es un viaje que vale la pena emprender, un camino que te llevará a una existencia más rica, más plena y más feliz.

Recomendaciones para el camino

- *Journaling*: llevar un diario es una herramienta poderosa para el autodescubrimiento. Escribir sobre tus pensamientos, sueños y experiencias te permitirá ver patrones y descubrir lo que realmente te importa. Este hábito no solo te ayudará a clarificar tu propósito, sino que también te proporcionará un espacio para reflexionar sobre tu progreso y ajustes necesarios en tu camino hacia el *ikigai*.

- *Mindfulness* y meditación: la práctica de la atención plena te ayuda a estar presente en el momento y a escuchar tu voz interior sin distracciones. La meditación puede ser un espacio sagrado donde te reconectas con tu ser más profundo, permitiendo que tus verdaderos deseos y aspiraciones salgan a la superficie.

- Aprende y adáptate continuamente: mantente flexible y dispuesto a aprender a medida que avanzas en tu camino hacia el *ikigai*. La vida está en constante cambio, y, a medida que creces, tus intereses y pasiones también pueden evolucionar. Estar abierto a estos cambios y dispuesto a ajustar tu rumbo es esencial para mantenerte alineado con tu propósito.

- Encuentra y nutre tu comunidad: el apoyo de una comunidad que comparte tus valores y pasiones puede ser un catalizador poderoso en tu viaje hacia el *ikigai*. Busca conectar con personas que te inspiren, que te desafíen a ser mejor y que te apoyen en los momentos difíciles. Esta red de apoyo será fundamental para tu crecimiento y realización.

- Comprométete a seguir aprendiendo y creciendo: la búsqueda del *ikigai* no es un destino final, sino un proceso continuo de crecimiento y autodescubrimiento. Mantén tu curiosidad viva, sigue explorando nuevas ideas y nunca dejes de aprender sobre ti mismo y el mundo que te rodea. Este compromiso con el aprendizaje continuo es lo que mantendrá tu vida vibrante y llena de significado.

En este viaje hacia tu *ikigai*, te deseo fortaleza, paciencia y una profunda alegría en cada paso del camino. Que encuentres ese propósito que ilumina tu vida y que cada día sea una oportunidad para vivir con autenticidad y pasión. Recuerda que el *ikigai* no es algo que encuentras, sino algo que creas y vives cada día. Que este viaje te lleve a una vida más rica, más plena y más en sintonía con quien realmente eres.

ALGO MÁS

Del hacer para tener y ser, al ser para hacer y tener

LA TRANSFORMACIÓN DE LA MENTALIDAD

En el mundo moderno, muchas culturas occidentales han adoptado una mentalidad centrada en «hacer para tener», donde el éxito se mide a menudo por la riqueza material y la acumulación de bienes. Sin embargo, hay una creciente insatisfacción y estrés asociados con este enfoque. En contraste, las filosofías orientales promueven una mentalidad de «ser para hacer», que prioriza la armonía interior y la coherencia con uno mismo como la base para la acción y el logro. Este capítulo explora el emotivo viaje de cambiar de una mentalidad centrada en el «tener» a una que valora el «ser», y cómo esta transformación puede llevar a una vida de paz y equilibrio.

LA MENTALIDAD OCCIDENTAL: HACER PARA TENER

La carrera por el éxito material

En muchas sociedades occidentales, la vida está impulsada por la búsqueda de éxito material. Desde una edad temprana, se nos enseña a valorar el logro y la acumulación de bienes como indicadores de éxito y felicidad. Esta mentalidad de «hacer para tener» puede llevar a una carrera sin fin por más: más dinero, más posesiones, más reconocimiento.

El costo del enfoque materialista

Aunque alcanzar el éxito material puede proporcionar satisfacción temporal, a menudo viene con un alto costo. El estrés, la ansiedad y la insatisfacción son comunes entre aquellos que persiguen continuamente objetivos materiales. La búsqueda constante de más puede llevar a la desconexión de uno mismo, de los demás y de lo que realmente importa en la vida.

LA MENTALIDAD ORIENTAL: SER PARA HACER

El valor del ser

En la filosofía japonesa y otras tradiciones orientales, el enfoque está en el «ser» antes que en el «hacer». Se valora la autenticidad, la introspección y la armonía interior. El objetivo es encontrar y vivir de acuerdo con nuestro verdadero ser y, desde esa base, actuar en el mundo.

El equilibrio y la paz interior

Al priorizar el ser, se busca un equilibrio interior que se refleja en nuestras acciones. La paz y la felicidad no dependen de la acumulación de bienes materiales, sino de una vida en coherencia con nuestros valores y propósitos. Este enfoque promueve la serenidad y la satisfacción duradera.

IKIGAI: LA INTERSECCIÓN ENTRE EL SER Y EL HACER

Descubriendo el propósito

El concepto japonés de *ikigai* encapsula la idea de encontrar propósito y significado en la vida. *Ikigai* se encuentra en la intersección entre lo que amamos, aquello en lo que somos buenos, lo que el mundo necesita y por lo que podemos ser recompensados. No se trata de perseguir la riqueza material, sino de vivir de una manera que sea fiel a nuestro ser y que contribuya al bienestar de los demás.

LA TRANSFORMACIÓN PERSONAL: DE HACER PARA TENER A SER PARA HACER

El viaje interior

Cambiar de una mentalidad de «hacer para tener» a una de «ser para hacer» es un viaje profundo y personal. Requiere introspección y una reevaluación de nuestras prioridades y valores. Este viaje puede ser desafiante, pero también liberador, permitiendo que encontremos una mayor autenticidad y paz interior.

Pasos hacia el cambio

- Introspección y autoconocimiento: dedicar tiempo a reflexionar sobre quiénes somos y qué es lo que verdaderamente valoramos.

- Redefinir el éxito: cambiar la definición de éxito, de vincularlo a los logros materiales a relacionarlo con la satisfacción personal y la contribución significativa.

- Simplificación: adoptar una vida más simple, enfocándose en lo que realmente importa y eliminando lo innecesario.

- Conexión con los demás: valorar y cultivar relaciones significativas, y encontrar formas de contribuir al bienestar de otros.

- Practicar la gratitud: apreciar lo que tenemos y encontrar alegría en las pequeñas cosas de la vida.

IMPACTO EN LA COMUNIDAD

El cambio de mentalidad no solo beneficia al individuo, sino también a la comunidad. Personas que viven de acuerdo con su ser tienden a ser más empáticas, generosas y dispuestas a contribuir al bienestar colectivo, creando comunidades más fuertes y cohesionadas.

REFLEXIONES FINALES

La transformación de una mentalidad centrada en «hacer para tener» a una que valora el «ser para hacer» es más que un simple cambio de perspectiva; es una profunda reestructuración de la manera en que entendemos la vida y nuestro lugar en el mundo. En una sociedad que a menudo mide el éxito por la acumulación de bienes materiales, abrazar el «ser» como fundamento para nuestras acciones puede parecer un acto de desafío. Sin embargo, es en esta aparente contradicción donde encontramos la verdadera libertad.

Al priorizar la autenticidad y la coherencia interna, no solo nos liberamos de las ataduras de una carrera interminable por más, sino que también descubrimos una fuente inagotable de paz y satisfacción. Vivir en alineación con nuestro ser nos permite actuar desde un lugar de plenitud, lo que en última instancia enriquece no solo nuestras vidas, sino también las de quienes nos rodean.

El viaje hacia esta transformación no es fácil y, a menudo, requiere un enfrentamiento con nuestras propias sombras y miedos. Pero es precisamente en este proceso donde encontramos el coraje para redefinir el éxito y vivir una vida más auténtica, significativa y equilibrada. En un mundo cada vez más caótico y acelerado, esta mentalidad nos ofrece una brújula interna que nos guía hacia una vida de verdadera felicidad y propósito.

LLAMADO A LA ACCIÓN

Te invito a iniciar tu propio viaje de transformación, a cuestionar las nociones preconcebidas de éxito y a abrazar la idea de que el verdadero valor reside en el «ser». Comienza con pequeños pasos: dedica tiempo cada día a la introspección, pregúntate qué es lo que realmente valoras y cómo puedes vivir de acuerdo con esos valores. No tengas miedo de simplificar tu vida, eliminando lo que no te sirve y enfocándote en lo que realmente importa.

Redefine el éxito en tus propios términos, buscando satisfacción en el crecimiento personal, en las conexiones significativas y en la contribución a los demás. Practica la gratitud diariamente, encontrando alegría en las pequeñas cosas, y recuerda que el verdadero propósito de la vida no se encuentra en lo que acumulamos, sino en cómo vivimos y compartimos nuestra esencia con el mundo.

Al embarcarte en este camino, no solo transformarás tu vida, sino que también inspirarás a otros a hacer lo mismo. El impacto de vivir de acuerdo con tu ser se extiende más allá de ti mismo, fortaleciendo a tu comunidad y contribuyendo a un mundo más armonioso y equilibrado. Ahora es el momento de actuar, de hacer el cambio hacia una vida más auténtica y significativa. Elige ser y, desde ese ser, construye una vida que realmente valga la alegría (no la pena) vivir.

EPÍLOGO

El arte de vivir con propósito

En un mundo que a menudo se mueve demasiado rápido, encontrar la calma y la belleza en la imperfección (*wabi-sabi*) se convierte en un acto de resistencia y amor propio. Nos enseña que no necesitamos que todo sea perfecto para ser feliz, sino que la verdadera belleza reside en la aceptación de nuestras propias imperfecciones.

El camino de la vida no siempre será fácil, y habrá momentos en los que las cosas estén fuera de nuestro control. Aquí, el *shikata ga nai* nos recuerda que debemos aceptar lo que no podemos cambiar, y seguir adelante con dignidad y gracia.

Cuando la vida se torna difícil, el *gaman* nos da la fuerza para resistir, manteniendo la compostura y la fortaleza interior. Es una virtud que nos impulsa a perseverar sin importar los desafíos.

A medida que avanzamos en nuestra jornada personal, *oubaitori* nos anima a respetar nuestro propio ritmo, entendiendo que cada camino es único. No debemos compararnos con los demás, sino florecer a nuestra manera, apreciando nuestras diferencias.

El *kaizen*, por su parte, nos impulsa a buscar la mejora continua, reconociendo que siempre hay espacio para crecer y evolucionar. Es un llamado a ser mejores, un paso a la vez, en todos los aspectos de nuestra vida.

Con la fuerza del *gambatte*, encontramos la determinación de nunca rendirnos, sabiendo que nuestros esfuerzos nos llevarán más lejos de lo que imaginamos. Es una declaración de nuestra capacidad para superar cualquier obstáculo con tenacidad.

El *nuchi gusui* y el *hará hachi bu* nos enseñan que la salud y la moderación son pilares fundamentales para una vida equilibrada. Son prácticas que nos recuerdan la importancia de cuidar nuestro cuerpo como un templo, valorando la vida en su totalidad.

Cuando enfrentamos la adversidad, el *kintsugi* nos ofrece una poderosa metáfora: las cicatrices no son algo que debamos ocultar, sino que pueden convertirse en la parte más hermosa de nuestra historia. Es en nuestras imperfecciones donde reside nuestra mayor fortaleza.

El *omoiyari*, con su enfoque en la empatía y el cuidado por los demás, nos guía para vivir de manera más considerada, conectándonos con la humanidad compartida. Es un llamado a poner el bienestar colectivo por encima de lo individual, encontrando sentido en nuestras relaciones.

En la comunidad, el *yui maru* nos recuerda la importancia de la colaboración y la interdependencia. Es a través de la conexión con otros que encontramos el verdadero significado de nuestras acciones y alcanzamos una felicidad más profunda.

Finalmente, el *ikigai* nos invita a descubrir y vivir nuestro propósito. Es la chispa que enciende cada uno de nuestros días, la razón por la cual nos levantamos por la mañana. Cuando vivimos alineados con nuestro *ikigai*, todas las piezas de nuestra vida encajan en armonía.

MAPA CONCEPTUAL CIRCULAR PARA UNA VIDA PLENA

- Centro: encontrar la calma y la belleza en la imperfección (*wabi-sabi*).
- Primer nivel: resistencia y amor propio. Aceptar nuestras propias imperfecciones para alcanzar la felicidad.
- Segundo nivel: *shikata ga nai*. Aceptar lo que no podemos cambiar y seguir adelante con dignidad.
  - *Gaman*: resistencia y fortaleza interior ante la adversidad.
  - *Oubaitori*: respetar nuestro propio ritmo y florecer a nuestra manera.
  - *Kaizen*: buscar la mejora continua en todos los aspectos de la vida.
  - *Gambatte*: determinación para no rendirse y superar cualquier obstáculo.
- Tercer nivel: *nuchi gusui* y *hará hachi bu*. Salud y moderación como pilares de una vida equilibrada.
  - *Kintsugi*: belleza en las imperfecciones, las cicatrices como parte de nuestra historia.
  - *Omoiyari*: empatía y cuidado por los demás, conectándonos con la humanidad.
  - *Yui maru*: colaboración e interdependencia, encontrar significado en la comunidad.
  - *Ikigai*: descubrir y vivir nuestro propósito, la chispa que enciende cada día.
- Conexiones:
  - *Wabi-sabi* se conecta con *shikata ga nai* y *kintsugi*, mostrando la belleza de la aceptación y la transformación.
  - *Gaman* se relaciona con *gambatte*, ambas virtudes que impulsan a perseverar en la adversidad.

- *Oubaitori* se conecta con *kaizen* e *ikigai*, reconociendo la importancia del crecimiento personal y la búsqueda de nuestro propio camino.
- *Nuchi gusui, hará hachi bu* y *omoiyari* se vinculan con *yui maru*, enfatizando la importancia del bienestar individual y colectivo.

REFLEXIÓN FINAL: EL LLAMADO A LA TRANSFORMACIÓN

En este punto de tu lectura, es posible que sientas que las historias y enseñanzas compartidas en este libro han resonado en algún rincón profundo de tu ser. Tal vez has comenzado a preguntarte sobre tu propio *ikigai*, sobre el equilibrio entre lo que haces y quién eres realmente. Si es así, entonces este libro ha cumplido su propósito.

La transformación personal no es un destino, sino un viaje continuo. Cada paso hacia el autoconocimiento, cada decisión que tomas en alineación con tus verdaderos valores, te acerca un poco más a una vida plena y significativa. El camino del «ser para hacer» no es una receta mágica, sino una práctica diaria, un compromiso constante con tu autenticidad y bienestar.

Imagina por un momento cómo sería tu vida si cada acción que realizaras estuviera en perfecta armonía con tus valores y pasiones. Imagina despertar cada día con un propósito claro, sabiendo que tus esfuerzos contribuyen no solo a tu propio bienestar, sino también al de los demás. Esta es la promesa del *ikigai*: una vida vivida con propósito y en armonía con uno mismo.

Al adoptar esta mentalidad, comienzas a experimentar una transformación profunda. La paz interior y la satisfacción personal se vuelven constantes en tu vida. Las tensiones y el estrés asociados con la búsqueda constante de éxito material se disipan, dejando espacio para la gratitud y la alegría. Al vivir de acuerdo con tu *ikigai*, te vuelves más consciente de tus acciones y su impacto en el mundo.

Este cambio de mentalidad tiene el poder de transformar no solo tu vida, sino también el mundo a tu alrededor. Una vida vivida con propósito irradia paz, amor y compasión, creando ondas de impacto positivo en la comunidad y más allá. Tus acciones inspirarán a otros a buscar su propio *ikigai*, creando un efecto multiplicador que puede cambiar el mundo.

Es importante recordar que este cambio no ocurre de la noche a la mañana. Requiere dedicación y esfuerzo continuos. Pero cada pequeño paso que das en la dirección correcta te acerca a una vida más plena y significativa. Comienza con pequeños actos de introspección: pregúntate qué es lo que realmente valoras, qué te hace feliz y cómo puedes alinear tus acciones con estos valores.

La práctica de la gratitud es una herramienta poderosa en este viaje. Al enfocarte en lo que ya tienes y en las bendiciones que te rodean, cultivas una mentalidad de abundancia. Esta mentalidad te ayuda a apreciar el presente y a encontrar alegría en las cosas simples de la vida.

El cambio hacia una mentalidad de «ser para hacer» no solo transforma a individuos, sino que también tiene un impacto positivo en la sociedad. Las personas que viven de acuerdo con su verdadero ser tienden a ser más empáticas, generosas y dispuestas a contribuir al bienestar colectivo. Esto crea comunidades más fuertes y cohesionadas, donde las relaciones y la cooperación son valoradas sobre la competencia y el individualismo.

UN LLAMADO A LA ACCIÓN

Te invito a continuar este viaje con valentía y apertura, sabiendo que cada paso que tomas hacia tu verdadero ser es un paso hacia un mundo mejor. Encuentra tu *ikigai*, vive en armonía con tus valores y comparte tu luz con los demás. En última instancia, al transformar nuestra mentalidad y nuestras vidas, contribuimos a la creación de un mundo más compasivo, equilibrado y pleno.

Este libro ha sido solo el comienzo. La verdadera transformación ocurre cuando aplicas las enseñanzas en tu vida diaria. Comienza hoy, ahora mismo. Haz una pausa, reflexiona sobre tu propósito y da un pequeño paso hacia tu verdadera esencia. Cada acción, por pequeña que sea, te acerca a una vida más plena y significativa.

Imagina un mundo donde más personas viven con propósito y en armonía consigo mismas. Un mundo donde las acciones están guiadas por la compasión y el deseo de contribuir al bienestar de los demás. Este es el poder del *ikigai*: su capacidad para transformar no solo nuestras vidas, sino también el mundo que nos rodea.

Así como un collar se embellece con la unión de cada piedra preciosa, nuestra vida se enriquece cuando unimos cada uno de estos principios en un todo coherente. Ahora, el collar está completo, y con él, una nueva forma de ver y vivir la vida se revela ante ti.

Juntos, con valentía y amor, podemos crear un mundo mejor para todos. Cambiar el mundo no es una utopía; cada uno de nosotros, desde nuestro lugar y nuestro metro cuadrado, tiene el poder de transformar realidades, comenzando por la nuestra. Y puedo asegurarte que, cuando tú te transformas, todo se transforma.

Deseo con todo mi corazón que encuentres tu *ikigai* y, en esa búsqueda, descubras la felicidad, la paz y la plenitud que todos merecemos. Que tu vida, vivida con propósito y en armonía, inspire a otros a encontrar su propio camino.

REFERENCIAS

García, H. y Miralles, F. (2017). *Ikigai: The Japanese Secret to a Long and Happy Life*. Penguin Books.

Hasegawa, M. (2011). *Exploring Ikigai (生き甲斐の探究)*. Waseda University Press.

Hendry, J. (2003). *Understanding Japanese Society*. Routledge.

Higa, M. (2014). *The Spirit of Okinawa: Yui Maru and Community Cooperation*. Okinawa Times.

Imai, M. (1986). *Kaizen: The Key to Japan's Competitive Success*. McGraw-Hill.

Ishige, N. (2001). *The History and Culture of Japanese Food*. Kegan Paul.

Juniper, A. (2003). *Wabi Sabi: The Japanese Art of Impermanence*. Tuttle Publishing.

Kato, H. (2000). *Cultural Psychology of the Japanese*. Routledge.

Koren, L. (2008). *Wabi-Sabi for Artists, Designers, Poets & Philosophers*. Imperfect Publishing.

Lebra, T. S. (1976). *Japanese Patterns of Behavior*. University of Hawaii Press.

Mogi, K. (2018). *The Little Book of Ikigai: The Essential Japanese Way to Finding Your Purpose in Life*. Quercus.

Morioka, M. (2014). *The Japanese Mind: Understanding Contemporary Japanese Culture*. Tuttle Publishing.

Nakamura, H. (2002). *Ways of Thinking of Eastern Peoples*. University of Hawaii Press.

Okinawa Prefecture (2006). *Okinawa's Cultural and Historical Background*. Okinawa Prefectural Government.

Sugimoto, Y. (2010). *An Introduction to Japanese Society.* Cambridge University Press.

Suzuki, D. T. (2011). *Zen and Japanese Culture.* Princeton University Press.

Tsutsui, W. M. (2004). *A Companion to Japanese History.* Blackwell Publishing.

Wilcox, B. J.; Wilcox, D. C., y Suzuki, M. (2005). *The Okinawa Program: How the World's Longest-Lived People Achieve Everlasting Health--And How You Can Too.* Clarkson Potter.